민사소송법 제2편

1905 제2·10권
보성전문학교 교과서번역사업 10
고려대학교 仁星기금 후원

민사소송법 제2편

民事訴訟法 第二編

주정균 지음
김경욱 옮김

KOREA
UNIVERSITY
PRESS
고려대학교
출판문화원

인성기금

"인성기금은 유휘성 회장이
고려대학교에 기부하여 조성된 연구기금입니다"

역자 서문

2025년 고려대학교 개교 120주년을 맞이하여 1905년 당시에 보성전문학교 법률학전문과에서 사용하였던 민사소송법 교과서를 번역·출간하게 된 것을 기쁘게 생각한다. 이 작업은 1905년 당시 사용하였던 법학 전 분야의 교과서 번역 사업 중 하나로 민사소송법 교과서의 일부를 대상으로 한 것이며, 유휘성 회장님께서 후원하신 인성(仁星)기금을 바탕으로 이루어진 것이다. 이번 작업을 통해 우리나라 근대 법학의 초기 형태와 그 내용을 살펴볼 수 있게 되었는데, 고려대학교의 법학이 근대와 현재의 우리 법학의 근간인 동시에 그 자체라는 점을 확인할 수 있는 좋은 기회가 되었다고 생각한다.

먼저 이번에 번역한 《민사소송법 제2편》과 관련하여 한 가지 언급하여 둘 것이 있다. 번역 대상인 보성전문학교 민사소송법 교과서의 첫 번째 면, 첫 번째 줄에는 "민사소송법(제2편에서 5편까지)(民事訴訟法[第二編 乃至 第五編])"이라고 표시되어 있으며, 저자인 주정균(朱定均) 강사의 〈서언〉에 따르면 이 교과서의 제1편은 총칙, 제2편은 제1심 재판소에서의 정식절차와 약식절차, 제3편은 상소절차, 제4편은 재심절차, 제5편은 어음 및 기타 일반증서에 관한 소송절차에 관한 내용들을 담고 있는 것으로 보인다. 다만 현재 그 원본을 찾을 수 있는 것은 제1편과 제2편에 관한 두 권밖에 없으며, 제1편의 번역은 이 작업과 별개로 이루어지고 있으므로 이번 번역 작업은 《민사소송법 제2편》에 한정하여 이루어졌음을 밝혀 둔다.

국한문 혼용으로 쓰여진 《민사소송법 제2편》 교과서를 현재의 용어로 옮기면서 어느 정도로 원문상의 용어를 남겨 두어야 할 것인지에 관해 고민이 많았는데, 지금은 사용하지 않지만 이 교과서가 사용되었던 당시의 용어를 확인해 볼 수 있다는 점에서 그 내용을 이해할 수 있는 한에서는 가능한 대로 당시의 용어를 그대로 사용하는 쪽으로 작업을 하였다. 예를 들면 재판소(법원), 구두변론(구술변론), 궐석판결(결석판결), 상대자(상대방), 재판관(판사), 판결재판소(판결법원), 상고재판소(대법원), 수소재판소(수소법원), 변호사소송주의(변호사강제주의), 항고재판소(항고법원), 필요적 구두변론(필수적 구술변론), 수명판사(수명법관), 가차압(가압류), 출두(출석), 당사자 양방(당사자 쌍방), 원판결의 폐기(원판결의 취소), 원판결의 파훼(원판결의 파기), 환부(환송), 출두(출석),

평의(합의), 불간섭주의(처분권주의), 소송조건(소송요건), 나인(구인), 선하금(선급금), 계표(경계표) 호출장(기일통지서), 지발(지급), 지발명령(지급명령) 등이 그러하다. 그 밖에도 1905년 당시의 독특한 용어들은 원문의 용어를 그대로 사용하였는데, 주법(主法), 조법(助法), 사해행위 폐파의 소(詐害行爲廢罷의 訴), 혼인 작소의 소(婚姻繳銷의 訴), 가독상속인 폐제의 소(家督相續人廢除의 訴), 가독상속인 작소의 소(家督相續人繳銷의 訴), 위월(違越) 등이 그러하다.

다만 교과서 내용에 대한 이해의 편의를 위해 자주 등장하는 몇 가지 용어들은 유사한 현재의 용어로 고쳐 사용하였는데, 예를 들면 선시(宣示)를 '선고'로, 공소(控訴)를 '항소'로, 수형행위(手形行爲)를 '어음행위'로, 즉지(卽地)를 '즉석'으로, 발문(發問)을 '질문'으로 고쳐 사용한 것이다.

이번 번역 작업을 통해 1905년 당시의 우리나라에서 교육·연구되었던 민사소송법학의 내용이 현재의 민사소송법학과 비교하여 그 체계나 내용 면에서 크게 차이가 나지 않는다는 점을 알 수 있었다.

그럼에도 현재의 우리 민사소송제도와 비교하여 1905년 당시 민사소송제도 중 관심을 끄는 몇 가지를 소개해 보면서 머리말을 갈음하고자 한다. 1905년 당시의 우리 민사소송법에 따르면,

(i) 소의 종류와 관련하여 이행의 소, 확인의 소, 형성의 소가 아닌 급부의 소, 확정의 소, 창설의 소라는 용어를 쓰고 있는데, 이는 자연스럽게 급부의 판결, 확정의 판결, 창설의 판결로 이어지고 있다.

(ii) 현행 우리 민사소송법 체계에서는 사용하지 않는 "권리구속(權利拘束)"이라는 용어를 사용하고 있는데, 이는 현재의 "소송계속(訴訟係屬)"의 개념과 이로부터 나오는 중복제소금지의 개념을 포괄하는 내용인 것으로 보인다. 다만 이러한 권리구속이라는 용어는 독일법을 계수하던 초기 과정에서 "소송계속"을 의미하는 독일의 Rechtshängigkeit라는 용어를 "권리구속"으로 잘못 번역하여 사용한 것은 아닌지 궁금하다.

(iii) 1905년 당시에는 처분권주의를 불간섭주의(不干涉主義)로 쓰고 있었는데, 당사자의 처분권에 초점을 맞춘 것이 아니라 법원의 입장에서 법원이 당사자 사이의 분쟁과 관련하여 당사자가 신청하지 않은 사항에 대해서는 간섭(판단)하지 않는다는 의미로 만들어진 용어가 아닌가 생각한다.

(iv) 증거보전과 관련하여 현재의 문헌에 의하면 1926년 개정 전 우리 구 민사소송법은 독일의 영향을 받아 증거보전의 필요성이 없는 경우에도 상대방의 승낙이 있는 경우 증거보전을 할 수 있도록 하고 있었는데(구 민사소송법 제371조), 1905년 당시 민사소송법 교

과서에서 "증거보전은 증거의 분실 또는 사용이 곤란할 우려가 있는 때에 한하여 행하는데, 상대방의 승낙이 있는 때는 위 조건이 구비되지 아니하여도 행할 수 있다"라고 하는 문구를 발견할 수 있어 이러한 내용이 1905년 당시부터 1926년 개정 때까지 그대로 유지되었을 것으로 추정된다.

(v) 1905년 당시에는 재판의 탈루(누락)가 있는 경우 당사자가 추가재판을 신청해야 하였으며, 이러한 추가재판 신청기간을 해태하면 탈루한 소송물은 당연히 그 소송계속이 종료된다고 한다. 재판의 누락(현행 민사소송법 제212조)이 있는 부분에 대해 판결한 법원에 소송이 계속된다고 보고 법원의 직권이나 당사자의 신청에 따라 추가판결을 하는 현재의 우리 민사소송절차와 차이가 있음을 알 수 있다.

(vi) 1905년 당시에는 청구의 포기나 인낙이 있는 경우 소송의 상대방은 그 포기 또는 인낙에 기인하는 판결을 청구하도록 하고 있었으며, 예를 들어 피고가 청구를 인낙하는 경우 법원은 원고의 청구를 받아들여 피고 패소의 판결을 선고하여야 했다. 청구의 포기 · 인낙을 변론조서나 변론준비 기일조서에 적은 때에는 그 조서가 확정판결과 같은 효력을 가지도록 하고 있는 현재의 우리 민사소송법과 차이가 있다(현행 민사소송법 제220조).

(vii) 1905년 당시 우리나라에서는 현재 일본의 구재판소(区裁判所)와 유사한 법원조직을 가지고 있었던 것으로 보이며, 단독제의 구재판소에서는 간이한 사건의 해결을 위해 구두로 소를 제기할 수 있었으며 준비서면의 교환이 필요하지 않았다. 현재의 우리 제소 전 화해와 유사하게 상대방의 보통재판적이 있는 구재판소에서 화해를 할 수 있도록 하는 제도도 있었다.

(viii) 결정절차와 관련하여 1905년 당시에는 구술변론을 거친 후의 결정은 선고를 요하며, 이러한 결정은 선고에 의하여 효력이 발생하며, 그 선고 전 또는 원본 작성 이전에는 (판결과 마찬가지로) 결정을 송달할 수 없도록 하고 있었는데, 임의적 변론에 의하면서 상당한 방법으로 고지하는 현재의 결정절차와는 큰 차이를 보인다. 결정에 대한 규정을 준용하여 명령에 대해서도 선고할 수 있도록 하고 있었던 점도 현재와 다르다.

(ix) 1905년 당시에는 당사자 일방이 결석한 경우 결석재판주의(缺席裁判主義)를 취하여 출석한 당사자 일방의 신청에 따라 해태재판(궐석판결)이 행해졌는데, 이에 따르면 당사자 일방이 판결에 기재된 기일, 즉 최종기일에 출석하지 아니하면 그 앞의 기일에 출석하였더라도 처음부터 출석하지 않은 것으로 간주하여 해

태의 결과를 받도록 하였다. 이는 현재에는 존재하지 않는 제도이다. 또한 원고 또는 피고가 해태재판을 받은 경우 당사자에게 일종의 이의신청인 '고장(故障)의 신청'을 허용하고 있었는데 대석재판주의(對席裁判主義)를 취하고 있는 현재에는 비교할 제도가 없는 경우이다.

(x) 화해와 관련해서도 1905년 당시에는 화해를 하고자 하는 자는 상대방을 보통재판적이 있는 구재판소에 호출할 것을 신청할 수 있었으며, 이때 화해가 성립되지 아니한 때에는 당사자 쌍방의 신청에 의하여 즉석에서 소송에 대한 변론을 행할 수 있었다. 호출을 받은 상대방이 기일에 출석하지 않거나 소송에 대한 변론을 바로 할 수 없는 경우에는 다시 통상절차에 의하여 소를 제기하는 형태를 취하여 현재의 우리 제소 전 화해와는 다른 절차진행과정을 보이고 있다.

(xi) 지발명령(지급명령)과 관련해서도 1905년 당시에는 지발명령에 대해 채무자가 이의를 제기하면 (그 청구가 구재판소 관할에 속하는 사건인 경우) 지발명령을 송달한 때에 그 청구에 대한 소가 구재판소에 제기된 것으로 간주하였는데, 채무자의 이의신청이 있으면 지급명령을 신청한 때에 소를 제기한 것으로 보는 현재의 우리 민사소송법(제472조 제2항)과 차이가 있다. 나아가 1905년 당시에는 지발명령에 가집행선고를 붙

일 수 있었으며 이러한 가집행의 선언을 집행명령이라 하고 집행명령에 대해 채무자가 고장(故障)을 신청하는 경우 다시 고장에 대한 재판이 이루어지도록 한 것 또한 현재의 우리 제도에는 없는 제도이다.

이번 번역 작업 과정에서 역자가 개설한 2024년 2학기 고려대학교 '민사소송법' 강의를 수강한 많은 학부생들이 교정에 참여해 주었다. 약 120년 전 고려대학교 법대 선배들이 공부하였던 민사소송법 교과서 번역에 관심을 가지고 적극적으로 도움을 준 것에 깊이 감사드리며, 학생들의 건승을 바란다.

2025년 1월
고려대학교 법학전문대학원
교수 김경욱

차례

民事訴訟法

民事訴訟法（第二編乃至第五編）

講師 朱定均

緒言

社會ᄂᆞᆫ幼稚ᄒᆞᆷ으로브터高尚ᄒᆞᆷ에臻ᄒᆞ며人事ᄂᆞᆫ簡單ᄒᆞᆷ으로브터複雜ᄒᆞᆷ에至ᄒᆞᆷ은進化의原則이오書契ᄂᆞᆫ結繩을代ᄒᆞ며不文이成文으로變ᄒᆞᆷ은變遷의大勢라進化의原則과變遷의大勢를隨ᄒᆞ야個人이家族되며家族이部落되며部落이國家되야政治的團體를形成ᄒᆞ며團體의鞏固、安寧을計圖ᄒᆞᆷ에規則이自有ᄒᆞᄂᆞ니此政治的團體의鞏固、安寧을計圖ᄒᆞᄂᆞᆫ規則은法律이라謂ᄒᆞᆷ이라

法律은人為的原因結果의關係를規定ᄒᆞᆫ바ㅣ니即一定ᄒᆞᆫ事實에伴

민사소송법(제2편에서 제5편까지)

강사 주정균

서언

사회는 유치함으로부터 고상함에 이르며, 인사(人事)는 간단함으로부터 복잡함에 이르는 것이 진화의 원칙이다.

문자는 결승(结绳)*을 대신하며 불문이 성문으로 변함은 변천의 대세이다. 진화의 원칙과 변천의 대세를 따라 개인이 가족 되며, 가족이 부락 되며, 부락이 국가 되어 정치적 단체를 형성하며, 단체의 공고·안녕을 꾀함에 규칙이 당연히 존재하니, 이러한 정치적 단체의 공고·안녕을 꾀하는 규칙을 법률이라 이른다.

법률은 인위적 원인 결과의 관계를 규정하는 것이니, 이는 곧 일정한 사실에 수반

* 문자가 없던 시대에 새끼에 매듭을 지어 사실을 기록했던 것을 말한다.

ᄒᆞᄂᆞᆫ一定ᄒᆞᆫ人為的結果의發生을預定ᄒᆞᆫ바ㅣ라比컨ᄃᆡ殺人者ᄂᆞᆫ死
刑에處ᄒᆞ며借金者ᄂᆞᆫ償還ᄒᆞᆷ이可ᄒᆞ다ᄒᆞᆷ은殺人或借金이라謂ᄒᆞᄂᆞᆫ
一定ᄒᆞᆫ事實에伴ᄒᆞ야死刑或償還이라謂ᄒᆞᄂᆞᆫ結果를定ᄒᆞᆫ바ㅣ니更
論ᄒᆞ면法律은預定事實에對ᄒᆞᄂᆞᆫ預定視則이며預定視則은實行코
져ᄒᆞᆯ진ᄃᆡ預定事實이現在發生ᄒᆞᆷ을要ᄒᆞ며預定視則에基因ᄒᆞᄂᆞᆫ現
實의處分이有ᄒᆞᆷ을要ᄒᆞᄂᆞ니如斯히一定ᄒᆞᆫ事實에對ᄒᆞᄂᆞᆫ一定ᄒᆞᆫ處
分은判決이라謂ᄒᆞ며現在發生ᄒᆞᆫ事實이預定ᄒᆞᆫ原因과符合ᄒᆞᄂᆞᆫ與
否를審査ᄒᆞ며現實處分이預定視則을依據ᄒᆞ야活動ᄒᆞᄂᆞᆫ節次를定
ᄒᆞᆫ바視則을助法이라謂ᄒᆞᆫ바ㅣ라
權利義務의關係를直接視定ᄒᆞᆷ은主法이오主法을適用ᄒᆞᄂᆞᆫ節次方

하는 일정한 인위적 결과의 발생을 예정하고 있다. 예컨대 살인자는 사형에 처하며, 돈을 빌린 자는 상환해야 함은 살인 혹은 돈을 빌리는 일정한 사실에 수반하여 사형 혹은 상환이라고 하는 결과를 정한 것이다. 다시 말하면 법률은 예정 사실에 대한 예정 규칙이며, 예정 규칙을 실행하고자 한다면 예정 사실이 현재 발생하고 있을 것을 필요로 하며, 예정 규칙에 기인하는 현실의 처분이 있을 것을 필요로 한다. 이와 같이 일정한 사실에 대한 일정한 처분을 판결이라 말하며, 현재 발생한 사실이 예정한 원인과 부합하는지 여부를 심사하며, 현실의 처분이 예정 규칙에 근거하여 작동하는 절차를 정한 규칙을 조법(助法)이라고 말한다.

권리의무의 관계를 직접 규정하는 것은 주법(主法)이고, 주법을 적용하는 절차방

法을規定ᄒᆞᆷ은助法이니彼此間主從의關係ᄂᆞᆫ須臾可離치못ᄒᆞᆯ바ㅣ라盖權利義務關係ᄅᆞᆯ直接規定ᄒᆞᆫ主法이設有ᄒᆞᆯ지라도實地活用ᄒᆞᄂᆞᆫ助法規定이無ᄒᆞ거나又或不完全ᄒᆞᆫ진ᄃᆡ其法이空文에徒歸ᄒᆞᆯ지며此와反ᄒᆞ야主法規定이不完全ᄒᆞᆯ지라도助法規定이完全ᄒᆞᆫ진ᄃᆡ能히其不足ᄒᆞᆷ을補充ᄒᆞ야權義關係가紊亂지아니ᄒᆞᆯ지니是ᄂᆞᆫ助法의有無、良否가權義關係에及ᄒᆞᄂᆞᆫ影響이主法보다逈殊ᄒᆞ며從ᄒᆞ야學者의硏究도또ᄒᆞᆫ一層周密히ᄒᆞᆯ바ㅣ라

抑此民事訴訟法은民、商法等主法規定을實地活用ᄒᆞᄂᆞᆫ바助法이니範圍가廣濶ᄒᆞ고規定이錯雜ᄒᆞ야專門大家의學識經驗이아니면講論ᄒᆞ기不能ᄒᆞ며一二個學年으로竣工ᄒᆞ기亦難ᄒᆞᆫ바ㅣ라玆에蒐

법을 규정하는 것은 조법(助法)이니, 이들 사이의 주종의 관계는 잠시도 떼어 놓을 수 없는 것이다. 따라서 권리의 무관계를 직접 규정한 주법이 갖추어져 있다고 할지라도 실제 활용하는 조법 규정이 없거나 혹은 불완전하다면 그 법은 공허한 문장에 지나지 않으며, 이에 반해 주법 규정이 불완전할지라도 조법 규정이 완전하다면 능히 그 부족함을 보충하여 권리의무 관계가 문란하게 되지 아니할 것이다. 이러한 조법의 유무, 좋고 나쁨이 권리의무 관계에 미치는 영향이 주법보다 훨씬 크며, 따라서 학자의 연구도 또한 한층 더 빈틈없이 해야 할 것이다.

또한 이러한 민사소송법은 민·상법 등 주법 규정을 실제 활용하는 조법이기 때문에 범위가 광활하고 규정이 복잡하여 전문 대가의 학식 경험이 아니면 강론하는 것이 불가능하며, 한두 개 학년으로 마치는 것 또한 어려운 것이다. 이러한 상황에서

學은不顧ᄒᆞ고斯學의講義를負擔ᄒᆞᆫ바其硏究方法에至ᄒᆞ야ᄂᆞᆫ一定ᄒᆞᆫ成文을根據ᄒᆞᆫ後에本末始終이其當을得ᄒᆞᆯ지나然이나我邦에在ᄒᆞ야ᄂᆞᆫ整然ᄒᆞᆫ成文私法이無ᄒᆞ고不完且未備ᄒᆞᆫ民刑訴訟規則이雖有ᄒᆞ나講義의標準을作ᄒᆞ기不堪ᄒᆞ며且法典調査局에在ᄒᆞ야斯法의起草가雖有ᄒᆞ나須行이無期ᄒᆞᆯ뿐아니라司法의權을日本에委任ᄒᆞᆫ以來一切私法的權義關係를解決ᄒᆞᆷ에當ᄒᆞ야民刑訴訟規則及日本의民事訴訟法을并히適用ᄒᆞᆷ이今日의現像이니日本의民事訴訟法을根據硏究ᄒᆞᆷ이徒勞又ᄂᆞᆫ無益ᄒᆞᆷ에屬치아니ᄒᆞᆫ바ㅣ라然而其硏究의順序에至ᄒᆞ야ᄂᆞᆫ學理及實際上에不可不幾多의部門으로分論ᄒᆞᆯ지니即第一編은總則이니本法全體에關ᄒᆞᆫᄂᆞᆫ原理及節

학문을 욕되게 하는 것(蔑學)을 돌아보지 아니하고 이 과목의 강의를 맡은바, 그 연구방법에 관해서는 일정한 성문을 근거로 해야만 본말과 시종이 타당성을 얻게 될 것이다. 그러나 우리나라에는 정연한 성문사법이 존재하지 않고, 불완전하고 미비한 민형소송 규칙이 비록 있기는 하나 강의의 표준으로 삼기에는 부족하고, 또한 법전조사국에 이 법의 초안이 올라가 있으나 언제 처리될지 알 수 없고, 사법권(司法權)을 일본에 위임한 이래 일체의 사법적 권리의무 관계를 해결함에 있어 민형소송 규칙 및 일본의 민사소송법을 함께 적용하는 것이 오늘날의 현상이므로 일본의 민사소송법을 근거로 해서 연구하는 것이 헛되거나 무익한 것이라고 할 수는 없을 것이다.

나아가 그 연구의 순서에 관해서는 학문적 이론과 실제상으로 어쩔 수 없이 상당히 많은 부문으로 나누어 논할 수밖에 없다. 즉, 제1편은 총칙으로 이 법 전체에 관한 원리 및 절

次를論述ᄒᆞ며第二編은訴訟節次ㅣ니第一審裁判所에正式節次及略式節次를論述ᄒᆞ며第三編은上訴節次ㅣ니控訴、上告、抗告等未確定ᄒᆞᆫ裁判에對ᄒᆞᄂᆞᆫ救濟方法及節次를論述ᄒᆞ고第四編은再審節次ㅣ니既確定ᄒᆞᆫ裁判에對ᄒᆞᄂᆞᆫ非常救濟의方法及節次를論述ᄒᆞ고第五編은證書及爲替訴訟節次ㅣ니手形及其他一般證書에關ᄒᆞᄂᆞᆫ訴訟節次를論述ᄒᆞ며第六編은强制執行節次ㅣ니確定裁判을基因ᄒᆞ야權利의伸張、義務의履行을直接且强制로實行ᄒᆞᄂᆞᆫ節次를論述ᄒᆞ고第七編은公示催告節次ㅣ니失踪或不在者와債務者의게對ᄒᆞ야權利를留保ᄒᆞᄂᆞᆫ節次를論述ᄒᆞ며第八編은仲裁契約節次ㅣ니當事者의爭詰ᄒᆞᄂᆞᆫ바私權關係를國家機關에依賴ᄒᆞ야解決又ᄂᆞᆫ

차를 논술하며, 제2편은 소송절차로서 제1심 재판소에서의 정식절차 및 약식절차를 논술하며, 제3편은 상소절차로서 항소, 상고, 항고 등 확정되지 않은 재판에 대한 구제방법 및 절차를 논술하고, 제4편은 재심절차로서 이미 확정된 재판에 대한 비상구제 방법 및 절차를 논술하고, 제5편은 증서 및 환어음 소송절차로서 어음 및 기타 일반 증서에 관한 소송절차를 논술하며, 제6편은 강제집행 절차로서 확정재판을 기초로 하여 권리의 신장, 의무의 이행을 직접 또한 강제로 실행하는 절차를 논술하고, 제7편은 공시최고 절차로서 실종 혹은 부재자가 된 채무자에 대하여 권리를 유보하는 절차를 논술하며, 제8편은 중재계약 절차로서 당사자가 다투는 사권관계를 국가기관에 의뢰하여 해결 또는

救濟치아니ᄒᆞ고特定ᄒᆞᆫ仲裁人의게委托解决ᄒᆞᄂᆞᆫ節次ᄅᆞᆯ論述ᄒᆞᆯ지나然이나第一編卽總則에關ᄒᆞ야ᄂᆞᆫ先進高明의講義가既有ᄒᆞᆷ으로玆에贅陳치아니ᄒᆞ고第二編以下로브터逐次講論코져ᄒᆞᄂᆞᆫ바引用ᄒᆞᆯ明條ᄂᆞᆫ日本國의民事訴訟法이니讀者諸益은諒察ᄒᆞᆯ지어다

第二編 第一審의訴訟節次

第一章 地方裁判所의正式節次

第一節 民事訴訟

第一款 民事訴訟의意義及種類

緖言에略述ᄒᆞᆷ과如司複雜不一ᄒᆞᆷ은人事의關係나複雜ᄒᆞᆫ關係ᄅᆞᆯ有ᄒᆞᆫ吾人은財産或身分上及其他關係上에主觀的慾望이不同ᄒᆞ야衝

구제하지 아니하고 특정한 중재인에게 위탁 해결하는 절차를 논술한다. 그러나 제1편, 즉 총칙에 관해서는 식견이 높은 더 나은 강의가 이미 존재하므로 이곳에서 쓸데없이 늘어놓지 않으며, 제2편 이하로부터 차례대로 강론하고자 하는데, 인용하는 조문은 일본국의 민사소송법이니 독자들의 양해를 구한다.

제2편 제1심의 소송절차

제1장 지방재판소의 정식절차

제1절 민사소송

제1관 민사소송의 의의 및 종류

서언에서 약술한 바와 같이 복잡하고 불일치함은 인사의 관계이니 복잡한 관계를 가진 우리는 재산 혹은 신분상 및 기타 관계에 있어 주관적 욕망이 같지 아니하여 충

突이每起ᄒᆞ며慾望의衝突은即私權의衝突이니若此衝突되ᄂᆞᆫ狀態ᄅᆞᆯ各自의腕力으로救濟코져ᄒᆞᆯ진ᄃᆡ優勝劣敗ᄒᆞ야秩序가殆無ᄒᆞᆯ지라是以로國家ᄂᆞᆫ一定ᄒᆞᆫ規則과一定ᄒᆞᆫ機關을設ᄒᆞ야自力救濟ᄒᆞᄂᆞᆫ狀態ᄅᆞᆯ調和ᄒᆞᄂᆞᆫ責任이有ᄒᆞᆷ과共히禁止ᄒᆞᄂᆞᆫ權力이有ᄒᆞ니於是乎吾人은自力으로ᄡᅥ權利ᄅᆞᆯ救濟지아니ᄒᆞ고國家機關의保護ᄅᆞᆯ依ᄒᆞ야安寧幸福을享有ᄒᆞᄂᆞᆫ바ㅣ라

如斯히自力救濟ᄅᆞᆯ捨ᄒᆞ고國家機關의게保護ᄅᆞᆯ請求ᄒᆞᆷ을訴訟이라云ᄒᆞ며請求ᄒᆞᄂᆞᆫ目的이私權을救濟ᄒᆞᆷ에在ᄒᆞᆷ으로民事訴訟이라云ᄒᆞᄂᆞ니故로民事訴訟은特定ᄒᆞᆫ人이特定ᄒᆞᆫ人에對ᄒᆞ야私權의存否ᄅᆞᆯ確定ᄒᆞ며又ᄂᆞᆫ其實行을得ᄒᆞᆯ目的으로一定ᄒᆞᆫ判斷을特定ᄒᆞᆫ機關

돌이 늘 일어나며 욕망의 충돌은 곧 사권의 충돌이다. 이같이 충돌되는 상태를 각자의 완력으로 구제하고자 한다면 강한 자는 번성하고 약한 자는 쇠퇴하게 되어 질서가 무너질 것이니, 이에 국가는 일정한 규칙과 일정한 기관을 두어 자력구제하는 상태를 조화시킬 책임이 있음과 동시에 금지시키는 권력을 가진다. 이에 우리는 자력으로 권리를 구제하지 아니하고 국가기관의 보호에 의지하여 안녕·행복을 향유하는 것이다.

이와 같이 자력구제를 포기하고 국가기관에 보호를 청구하는 것을 소송이라 하며, 청구하는 목적이 사권을 구제하는 것에 있으므로 민사소송이라 부른다. 그러므로 민사소송은 특정한 사람이 특정한 사람에 대해 사권의 존부를 확정하거나 또는 그 실행을 하기 위한 목적으로 일정한 판단을 특정한 기관,

即裁判所에向ᄒᆞ야請求ᄒᆞᄂᆞᆫ行爲라然則民事訴訟은반다시利害相反되ᄂᆞᆫ當事者가有ᄒᆞᆷ을要ᄒᆞ며特定ᄒᆞᆫ裁判所에請求ᄒᆞᆷ을要ᄒᆞᄂᆞᆫ바私權의存否를確定ᄒᆞ며又或實行을得케ᄒᆞᆷ을目的ᄒᆞᄂᆞᆫ國家的設備라云ᄒᆞᆯ지로다

上述ᄒᆞᆷ과如히國家가各人의私權을保護ᄒᆞᆷ에當ᄒᆞ야其節次即民事訴訟의行動을規定ᄒᆞᄂᆞᆫ法規가無치못ᄒᆞᆯ지라一方으로私權을保護ᄒᆞᄂᆞᆫ職務가有ᄒᆞᆫ裁判所及其構成ᄒᆞᄂᆞᆫ人員의行動을規律ᄒᆞ며他一方으로私權의保護를依賴ᄒᆞᄂᆞᆫ當事者의行動을規定ᄒᆞ야偏頗不正又ᄂᆞᆫ濫訴健訟ᄒᆞᄂᆞᆫ弊害를防杜ᄒᆞᆯ지니此法規를民事訴訟法이라云ᄒᆞᆷ이라然而裁判所及其構成ᄒᆞᄂᆞᆫ人員과當事者의行動如何ᄂᆞᆫ講義

즉 재판소를 향해 청구하는 행위이기 때문에, 민사소송은 반드시 이해상반되는 당사자가 있어야 하며 특정의 재판소에 청구하는 것을 필요로 하는바, 사권의 존부를 확정하며 또한 실행을 얻게 함을 목적으로 하는 국가적 설비라고 할 것이다.

상술한 바와 같이 국가가 각각의 사람의 사권을 보호함에 있어 그 절차, 즉 민사소송의 행동을 규정하는 법규가 없어서는 아니 될 것이니, 한편으로는 사권을 보호하는 직무를 가지는 재판소 및 그것을 구성하는 인원의 행동을 규율하며, 다른 한편으로는 사권의 보호를 의뢰하는 당사자의 행동을 규정하여, 편파·부정 또는 소송을 남용하는 폐해를 방지하여야 할 것이니, 이러한 법규를 민사소송법이라고 한다. 재판소 및 그것을 구성하는 인원과 당사자의 행동이 어떠해야 하는가는 강의

의順序를從ᄒᆞ야次第論述코져ᄒᆞᄂᆞᆫ바玆에一言을要ᄒᆞᆯ바ᄂᆞᆫ當事者行爲中特히權利保護의條件이是라

權利保護의條件이라謂ᄒᆞᆷ은如何ᄒᆞᆫ境遇에在ᄒᆞ야民事訴訟을依ᄒᆞ야私權保護의請求를行得ᄒᆞᆯ가云ᄒᆞᄂᆞᆫ條件이라請求의條件이成立ᄒᆞᆫ時ᄂᆞᆫ請求權이成立ᄒᆞᆫ지니換言ᄒᆞ면請求權이成立ᄒᆞᆷ에ᄂᆞᆫ法律上利益이有ᄒᆞᆷ을要ᄒᆞᄂᆞᆫ바ㅣ라然而私權保護의請求權은私法上請求權과相異ᄒᆞ며且私法上請求權에附從ᄒᆞᆫ바ㅣ아니오民事訴訟의設備를因ᄒᆞ야各人의有ᄒᆞᆫ바獨立ᄒᆞᆫ公法上의權利라

民事訴訟의手段은判決及強制執行의二種이有ᄒᆞᆷ으로私權保護의請求權도ᄯᅩᄒᆞᆫ二種으로區別ᄒᆞᆯ지니判決을依ᄒᆞ야保護ᄒᆞᆯ利益이有

의 순서에 따라 다음번에 논술하기로 하고, 이곳에서 한 가지 언급을 필요로 하는 것은 당사자 행위 중 특히 권리보호의 조건이다.

권리보호의 조건이라는 것은 어떤 경우에 민사소송을 통해 사권보호의 청구를 할 수 있는가라고 하는 조건이기 때문에, 청구의 조건이 성립할 때는 청구권 또한 성립한다고 할 것이다. 다시 말해 청구권이 성립함에는 법률상 이익이 있을 것을 요건으로 하는 것이다. 나아가 사권보호의 청구권은 사법상 청구권과 상이하며 또한 사법상의 청구권에 부속되는 것도 아닌, 민사소송의 설비로 인하여 모든 사람이 가지게 되는 독립한 공법상의 권리인 것이다.

민사소송의 수단은 판결과 강제집행으로 두 가지가 있으므로 사권보호의 청구권도 또한 두 가지로 구별하는데, 판결에 의해 보호해야 할 이익이 있는

ᄒᆞᆫ時ᄂᆞᆫ請求權即訴權이發生ᄒᆞ며強制執行을依ᄒᆞ야保護ᄒᆞᆯ利益이有ᄒᆞᆫ時ᄂᆞᆫ執行請求權이發生ᄒᆞᄂᆞ니故로私權保護의請求權은此等訴權及執行請求權의二種이有ᄒᆞᆷ을可知ᄒᆞᆯ바ㅣ라然而判決을要ᄒᆞᄂᆞᆫ私權保護에對ᄒᆞ야裁判所ᄂᆞᆫ私權의存否를確定ᄒᆞ며判決은訴에基因ᄒᆞ야此를行ᄒᆞᄂᆞ니是以로訴ᄂᆞᆫ判決을要ᄒᆞᆫ私權保護의請求權을實行ᄒᆞᄂᆞᆫ行為며判決을目的ᄒᆞᄂᆞᆫ訴訟節次를開始實行ᄒᆞᄂᆞᆫ行為니略言ᄒᆞ면訴權行使의行為되ᄂᆞᆫ訴ᄂᆞᆫ當事者、訴의原因、訴의目的、判決을求ᄒᆞᄂᆞᆫ申提로브터特定되며此其內容으로브터給付의訴、確定의訴、創設의訴等三種이有ᄒᆞ며判決에至ᄒᆞ야도給付의判決、確定의判決、創設의判決의等이有ᄒᆞ나然이나此ᄂᆞᆫ判決

때는 청구권, 즉 소권이 발생하며, 강제집행에 의해 보호해야 할 이익이 있는 때는 집행청구권이 발생한다. 그러므로 사권보호의 청구권은 이들 소권 및 집행청구권 2가지가 있음을 알 수 있다. 나아가 판결을 필요로 하는 사권보호에 대하여 재판소는 사권의 존부를 확정하며 판결은 소에 기인하여 이를 행하게 됨으로써 소는 판결을 요하는 사권보호의 청구권을 실행하는 행위이며, 판결을 목적으로 하는 소송절차를 개시·실행하는 행위이다. 요약하여 말하면 소권 행사의 행위가 되는 소는 당사자, 소의 원인, 소의 목적, 판결을 구하는 신청으로부터 특정되며, 그 내용으로부터 급부의 소, 확정의 소, 창설의 소 등 3종이 있으며, 판결에 이르면 급부의 판결, 확정의 판결, 창설의 판결 등이 있으나, 이는 판결을求ᄒᆞᄂᆞᆫ私法的請求權으로브터區別홈이아니오私權保護의請求權即訴權을行使ᄒᆞᄂᆞᆫ方式(訴의方式)을因ᄒᆞ야區分ᄒᆞᆫ바ㅣ니譬컨ᄃᆡ賣買契約에基因ᄒᆞ야賣主가買主의게代金支撥을請求ᄒᆞᄂᆞᆫ訴와如홈은被告의給付를目的홈이니此를給付의訴라云ᄒᆞ며被告에對ᄒᆞ야給付를命ᄒᆞᄂᆞᆫ判決은給付判決이라云ᄒᆞᆯ지나若賣主가買主에對ᄒᆞ야代金支撥을請求홈이아니오支撥請求權이有홈을確定ᄒᆞᆯᄂᆞᆫ訴를提起ᄒᆞᆯ時ᄂᆞᆫ前者와同一ᄒᆞᆫ私法上請求權됨은無疑ᄒᆞ나給付의訴ᄂᆞᆫ아니오確定의訴될지니要컨ᄃᆡ訴의種別은判決을求ᄒᆞᄂᆞᆫ申提如何를依ᄒᆞ야定홈이妥當ᄒᆞᆯ지라以下에逐次論述코져ᄒᆞ노라

第一、給付의訴　給付의訴ᄂᆞᆫ給付判決을求ᄒᆞᄂᆞᆫ訴를謂홈이며給

을 구하는 사법적 청구권으로부터 구별하는 것이 아니라 사권보호의 청구권, 즉 소권을 행사하는 방식(소의 방식)에 의해 구분한 것이다. 예컨대 매매계약에 기인하여 매도인이 매수인에게 대금지발*을 청구하는 소와 같은 것은 피고의 급부를 목적으로 하므로 이를 급부의 소라고 부르며, 피고에 대하여 급부를 명하는 판결은 급부판결이라 한다. 만약 매도인이 매수인에 대하여 대금지발을 청구하는 것이 아니라 지발청구권이 존재함을 확정하는 소를 제기할 때에는 전자와 동일한 사법상의 청구권이 됨은 명백하나 급부의 소는 아니고 확정의 소가 된다. 요컨대 소의 종류에 따른 구별은 판결을 구하는 신청의 여하에 의해 정함이 타당할 것이다. 이하에서 차례대로 논술하고자 한다.

I. 급부의 소

급부의 소는 급부판결을 구하는 소를 말하며 급

* 대금지급을 의미하는 용어로 보이지만 원문의 어감을 살리기 위해 '지발'이라는 용어를 그대로 사용한다.

付判決은原告의私法的請求權即被告에對ᄒᆞ야行爲或不行爲又는忍耐를要求ᄒᆞᄂᆞᆫ原告의權利를確定ᄒᆞ며被告에對ᄒᆞ야其義務履行을命ᄒᆞᄂᆞᆫ判決을謂ᄒᆞᆷ이니是以로給付判決은私法的請求權의存在를確定ᄒᆞ며給付를命令ᄒᆞᄂᆞᆫ二個를包含ᄒᆞ야强制執行의債務名義됨을得ᄒᆞᄂᆞᆫ바ㅣ라

給付訴權이發生ᄒᆞᄂᆞᆫ條件에對ᄒᆞ야日本民事訴訟法上에特別ᄒᆞᆫ規定이無ᄒᆞ나然이나人의行爲를因ᄒᆞ야私權이不滿足ᄒᆞᆫ狀態에陷ᄒᆞᆫ時ᄂᆞᆫ當然히民事訴訟節次를依ᄒᆞ야救濟의請求를得ᄒᆞᆯ지니故로給付訴訟에在ᄒᆞᆫ權利保護의條件은他人行爲를因ᄒᆞ야私權狀態가不滿足ᄒᆞᆫ時됨을要ᄒᆞᆯ지니將來에權利侵害를受ᄒᆞᆯ憂慮가

부판결은 원고의 사법적 청구권, 즉 피고에 대하여 행위나 불행위* 또는 인내를 요구하는 원고의 권리를 확정하며 피고에 대하여 그 의무이행을 명하는 판결을 말하는 것이다. 따라서 급부판결은 사법적 청구권의 존재를 확정하고 급부를 명령하는 2개를 포함하여 강제집행의 채무명의**가 될 수 있다.

급부소권이 발생하는 조건에 대하여 일본 민사소송법에는 특별한 규정이 없으나 사람의 행위로 인하여 사권이 불만족한 상태에 빠진 때는 당연히 민사소송절차에 의하여 구제의 청구를 할 수 있다. 따라서 급부소송에 있어서 권리보호의 조건은 타인의 행위로 인하여 사권상태가 불만족한 때일 것을 요하며, 비록 장래에 권리침해를 당할 우려가

* 작위, 부작위를 의미한다.

** 우리나라에서는 2002년 민사집행법이 제정되면서부터 채무명의(債務名義)라는 일본식 법률 용어 대신 집행권원(執行權原)이라는 용어를 사용하고 있다.

雖有ᄒᆞ나現在의權利侵害가無ᄒᆞᆫ以上은他人에對ᄒᆞ야行為或不行為를強要ᄒᆞ기不能ᄒᆞᆷ으로如斯ᄒᆞᆫ境遇에在ᄒᆞ야給付訴權을行使ᄒᆞ기不能ᄒᆞᆫ바ㅣ라

日本民事訴訟法改正案을據ᄒᆞᆫ건ᄃᆡ其第二二二條에期限을付ᄒᆞᆫ債權에對ᄒᆞ야將來辨償을求ᄒᆞᄂᆞᆫ訴ᄂᆞᆫ被告가期限이到來ᄒᆞᆫ後에履行不能될憂慮가有ᄒᆞᆫ時에限ᄒᆞ야此를提起ᄒᆞᆷ을得ᄒᆞᆫ다ᄒᆞ얏스며獨逸民事訴訟法第二五七條에도同一ᄒᆞᆫ規定이有ᄒᆞ나日本現行法에在ᄒᆞ야ᄂᆞᆫ將來의給付를請求ᄒᆞᄂᆞᆫ訴權을不認ᄒᆞᆫ지라一派의論者ᄂᆞᆫ同國民事訴訟法第五〇一條第五號及同第五三九條第一項의規定으로ᄡᅥ將來給付에對ᄒᆞᄂᆞᆫ訴權을許認ᄒᆞᆫ바ㅣ라主張ᄒᆞᆫ

있어도 현재의 권리침해가 없는 이상은 타인에 대하여 행위나 불행위를 강요하는 것은 불가능하므로, 이와 같은 경우에 급부소권을 행사하는 것은 불가능하다.

일본 민사소송법 개정안을 보면, 제222조에서 기한을 붙인 채권에 대하여 장래 변상을 구하는 소는 피고가 기한이 도래한 후에 이행불능이 될 우려가 있는 때에 한하여 이를 제기할 수 있다고 하고 있으며, 독일 민사소송법 제257조에도 동일한 규정이 있다. 일본 현행법에서는 장래의 급부를 청구하는 소권을 인정하지 않기 때문에, 어떤 논자는 일본 민사소송법 제501조 제5호 및 동 제529조 제1항의 규정에 의해 장래 급부에 대한 소권이 인정된다고 주장하고나然이나此等規定은強制執行에關ᄒᆞᆫ規定이나判決節次規定과混同ᄒᆞ기不能ᄒᆞᆯ뿐아니라且給付訴에依ᄒᆞᆫ私權保護의請求權은私權이不滿足ᄒᆞᆷ이無ᄒᆞ면發生ᄒᆞᆷ이無ᄒᆞ나該規定으로뻐將來給付에對ᄒᆞᆫ訴權을許ᄒᆞᆫ바ㅣ라解釋ᄒᆞ기不能ᄒᆞ며但扶養義務履行에對ᄒᆞ야ᄂᆞᆫ同國民法第九六二條規定을依ᄒᆞ야將來給付에對ᄒᆞᆫ訴權을認ᄒᆞᆫ者로解釋ᄒᆞᆯ지며又其一九九條에占有物이妨害될憂慮가有ᄒᆞᆫ時ᄂᆞᆫ其妨害에預防又或損害에擔保를請求케ᄒᆞᆷ이有ᄒᆞᆫ바ㅣ라

第二、確定의訴　確定의訴ᄂᆞᆫ法律關係에成立或不成立의確定을求ᄒᆞᄂᆞᆫ訴를謂ᄒᆞᆷ이며確定訴의判決은原告가主張ᄒᆞᄂᆞᆫ바法律關

있으나, 이들 규정은 강제집행에 관한 규정이므로 판결절차 규정과 혼동해서는 안 될 뿐만 아니라 또한 급부의 소에 의하는 사권보호의 청구권은 사권의 불만족이 없으면 발생하지 않으므로 해당 규정으로써 장래 급부에 대한 소권이 허용된다고 해석하는 것은 불가능하다. 다만 부양의무이행에 대해서는 일본 민법 제962조 규정에 의하여 장래 급부에 대한 소권을 인정한 것으로 해석할 것이며, 또한 일본 민법 제199조에 따라 점유물이 방해될 우려가 있는 때에는 그 방해의 예방 또는 손해의 담보를 청구하는 것이 가능하다 할 것이다.

II. 확정의 소

확정의 소란 법률관계의 성립 또는 불성립의 확정을 구하는 소를 말하며, 확정의 소의 판결은 원고가 주장하는 법률관

係의成立或不成立을確定홈에在ᄒᆞᄂᆞ니是以로確定의訴ᄂᆞᆫ原告가被告에對ᄒᆞ야法律關係의成立或不成立홈을承認케ᄒᆞᄂᆞᆫ訴가아니오判決로ᄡᅥ法律關係의成立或不成立홈을確定홈을要求ᄒᆞᆷ에在ᄒᆞᆫ지라然則確認訴의確認이라謂홈은相對者의確認을要ᄒᆞᆷ이아니오裁判所의確認을謂홈이라然而確定의訴ᄂᆞᆫ權利狀態가危險을受ᄒᆞᆫ境遇에在ᄒᆞᆫ保護의方法이니譬컨ᄃᆡ他人이存在치아니ᄒᆞᆫ바權利를主張ᄒᆞ야將來의給付를請求코져ᄒᆞᆫ時와又或自己의權利를否認ᄒᆞ야無權利됨을主張홈과如홈은現在의權利侵害가無ᄒᆞ나將來의危險이有홈을爲ᄒᆞ야行使ᄒᆞᄂᆞᆫ訴權이니從ᄒᆞ야法律關係의成立或不成立홈을確定ᄒᆞᆯᄲᅮᆫ이오相對者에對ᄒᆞᄂᆞᆫ給

계의 성립 또는 불성립을 확정하는 것이므로 확정의 소는 원고가 피고에 대하여 법률관계의 성립 또는 불성립을 승인하게 하는 소가 아니라 판결로써 법률관계의 성립 또는 불성립을 확정함을 요구하는 것이다. 따라서 확인의 소의 확인이라 함은 상대자의 확인을 요하는 것이 아니라 재판소의 확인을 말하는 것이다. 나아가 확정의 소는 권리상태가 위험에 빠질 경우에 있어서의 보호의 방법이며, 예컨대 타인이 존재하지 않는 권리를 주장하여 장래의 급부를 청구하고자 할 때 또는 자기의 권리를 부인하여 무권리임을 주장하는 것과 같이 현재의 권리침해는 없으나 장래에 위험이 존재함을 위하여 행사하는 소권이다. 따라서 법률관계의 성립 또는 불성립을 확정할 뿐 상대자에 대한 급

付命令을包含ᄒᆞᆷ이아님으로確定訴의判決은強制執行의債務名義를成치못ᄒᆞᄂᆞᆫ바ㅣ라

確定의訴ᄂᆞᆫ獨立的確定의訴와附隨的確定의訴의二種이有ᄒᆞ니前者ᄂᆞᆫ獨立ᄒᆞ야確定의判決을求ᄒᆞ기為ᄒᆞ야提起ᄒᆞᄂᆞᆫ訴를謂ᄒᆞᆷ이오後者ᄂᆞᆫ一個訴訟에附隨ᄒᆞ야其訴訟進行中에提起ᄒᆞᄂᆞᆫ訴를謂ᄒᆞᆷ이니日本現行民事訴訟法上에明文으로獨立的確定訴를許ᄒᆞᆷ이無ᄒᆞ나私權保護의制度를設定ᄒᆞᆫ趣旨로브터云ᄒᆞᆯ時ᄂᆞᆫ私權狀態가危險에瀕ᄒᆞᆫ時ᄂᆞᆫ當然히保護請求權이發生ᄒᆞᆯ지며且同國民事訴訟法第一八條의精神을推觀ᄒᆞᆯ지라도此를許ᄒᆞᆫ바ㅣ라解釋ᄒᆞᆯ지로다

부명령을 포함하는 것은 아니므로 확정의 소의 판결은 강제집행의 채무명의가 될 수는 없는 것이다.

확정의 소는 독립적 확정의 소와 부수적 확정의 소라는 2개의 종류가 있으며, 전자는 독립하여 확정의 판결을 구하기 위하여 제기하는 소를 말하며, 후자는 1개의 소송에 부수하여 그 소송 진행 중에 제기하는 소를 말한다. 일본 현행 민사소송법상 명문으로 독립적 확정의 소를 허용하고 있지 않으나 사권보호의 제도를 설정한 취지로부터 보면 사권의 상태가 위험에 처할 때에는 당연히 보호청구권이 발생한다고 할 것이며 또한 일본 민사소송법 제18조의 정신에 비추어 보아도 이를 허용하는 것으로 해석할 것이다.

獨立的確定의訴ᄂᆞᆫ積極的及消極的의二種이有ᄒᆞ니前者ᄂᆞᆫ法律關係의成立을宣示ᄒᆞᆷ을求ᄒᆞᄂᆞᆫ訴오後者ᄂᆞᆫ法律關係의不成立을宣示ᄒᆞᆷ을求ᄒᆞᄂᆞᆫ訴를謂ᄒᆞᆷ이라然而是等訴에依ᄒᆞᄂᆞᆫ私權保護의請求權은共히各個人의權利가將來危險에瀕ᄒᆞᆯ狀態가有ᄒᆞᆯ時에發生ᄒᆞᄂᆞᆫ바ㅣ니左에其成立要件을略述ᄒᆞ건ᄃᆡ

一、積極的確定의訴ᄂᆞᆫ第一에私法的法律關係가現存ᄒᆞᆷ을要ᄒᆞᄂᆞ니財產上及身分上의權利됨과附期限及附條件의權利됨을不問ᄒᆞ고總히法律上의關係가有ᄒᆞᆫ時ᄂᆞᆫ確定訴의目的됨을得ᄒᆞᆯ지나然이나將來發生ᄒᆞᆯ法律關係又或法律上狀態에不過ᄒᆞᆯ者譬如行爲能力의有無、慣習法의存否又ᄂᆞᆫ法律解釋等은確

독립적 확정의 소는 적극적 및 소극적인 것 두 종류가 있으며, 전자는 법률관계의 성립의 선고를 구하는 소이고, 후자는 불성립의 선고를 구하는 소를 말한다. 이들 소에 의하는 사권보호의 청구권은 공통적으로 각 개인의 권리가 장래 위험에 처할 상태가 되었을 때 발생하는 것이기 때문에 이하에서 그 성립요건을 약술하고자 한다.

① **적극적 확정의 소는**, 첫째 사법적 법률관계가 현존할 것을 요하므로, 재산상 및 신분상의 권리인지, 기한 및 조건이 붙은 권리인지를 불문하고 모두 법률상의 관계가 있는 때에는 확정의 소의 목적이 될 수 있다. 그러나 장래 발생할 법률관계 또는 법률상 상태에 불과한 것, 예를 들어 행위능력의 유무, 관습법의 존부 또는 법률해석 등은 확

定訴의目的됨을不得할지며第二에法律上의利益이有함을要하나니他人의行為或不行為를因하야自己權利의安全이妨害될時에此를保全하기為하야權利의存在를明確히할必要가有함을要할지나然이나某法律關係에對하야給付時期가旣히到達하야給付訴權을行使할境遇에原告의選擇으로但其權利의存在를明確히할利益이有할時는亦確定訴의目的을成하는바ㅣ라

二、消極的確定의訴는第一에被告의主張하는法律關係가不成立함을要하며第二에原告의主張은法律上의利益이有함을要하나니被告가某法律關係의成立을主張함을因하야原告의權

정의 소의 목적이 될 수 없다. 둘째 법률상의 이익이 있을 것을 요하므로, 타인의 행위 또는 불행위로 인하여 자기 권리의 안전이 방해될 때에 이를 보전하기 위하여 권리의 존재를 명확히 할 필요가 있음을 요한다. 그러나 어떤 법률관계에 대하여 급부 시기가 이미 도달하여 급부소권을 행사할 경우에 원고의 선택으로 그 권리의 존재를 명확히 할 이익이 있는 때에도 또한 확정의 소의 목적이 인정된다.

② **소극적 확정의 소는**, 첫째 피고가 주장하는 법률관계가 불성립함을 요하며, 둘째 원고의 주장은 법률상의 이익이 있을 것을 요하므로, 피고가 어떤 법률관계의 성립을 주장함으로 인하여 원고의 권

利狀態에危險이急ᄒᆞᆫ時에其危險을排除ᄒᆞᄂᆞᆫ目的에出ᄒᆞᆷ이아니면成立ᄒᆞᆷ을不得ᄒᆞᄂᆞᆫ바ㅣ라

附隨的確定의訴ᄂᆞᆫ訴訟進行中에爭議가有ᄒᆞᆫ法律關係의成立或不成立이訴訟의全部或一部에影響을及ᄒᆞᆫ境遇에在ᄒᆞ야原告ᄂᆞᆫ判決을求ᄒᆞᄂᆞᆫ바申提를擴張ᄒᆞ며被告ᄂᆞᆫ反訴의方法으로其法律關係의成立或不成立에確定을求ᄒᆞᄂᆞᆫ訴를謂ᄒᆞᆷ이니此를認定ᄒᆞᄂᆞᆫ理由ᄂᆞᆫ一個訴訟에前提條件되ᄂᆞᆫ法律關係의成立或不成立에關ᄒᆞ야爭議가有ᄒᆞᆫ時에訴訟節次를省略ᄒᆞᆷ과共히確定力이有ᄒᆞᆫ判決을得케ᄒᆞ며裁判의抵觸을避코져ᄒᆞᆷ이라然而判決의確定力은主文에包含ᄒᆞᆫ바에限ᄒᆞ며主文에包含ᄒᆞᆫ바ㅣ라ᄒᆞᆷ은判決主文

리상태에 위험이 생긴 때에 그 위험을 배제할 목적으로 제기된 경우가 아니면 성립할 수 없다고 할 것이다.

부수적 확정의 소는 소송 진행 중에 다툼이 있는 법률관계의 성립 또는 불성립이 소송의 전부 또는 일부에 영향을 미치는 경우, 원고는 판결을 구하였던 신청을 확장하고 피고는 반소의 방법으로 그 법률관계의 성립 또는 불성립의 확정을 구하는 소를 말한다. 이를 인정하는 이유는 1개의 소송에 전제조건이 되는 법률관계의 성립 또는 불성립에 관하여 다툼이 있는 때에 소송절차를 생략함과 동시에 확정력이 있는 판결을 얻도록 하여 재판의 저촉을 피하기 위함이다. 나아가 재판의 확정력은 주문에 포함된 것에 한하며, 주문에 포함된 것이라 함은 판결주문에宣示ᄒᆞᆫ請求或法律關係ᄅᆞᆯ謂ᄒᆞᆷ이니故로獨立ᄒᆞᆫ訴로ᄡᅥ主張ᄒᆞᆫ訴訟物에對ᄒᆞ야ᄂᆞᆫ主文을依ᄒᆞ야確定力이有ᄒᆞ나然이나一個訴의訴訟物存否에對ᄒᆞᄂᆞᆫ先決問題되ᄂᆞᆫ法律關係의成立或不成立에至ᄒᆞ야ᄂᆞᆫ特別ᄒᆞᆫ判決이아니면確定力이無ᄒᆞᆫ지라凡裁判所ᄂᆞᆫ一個訴訟을判斷ᄒᆞᆷ에當ᄒᆞ야其訴訟物이先決問題되ᄂᆞᆫ事項을判斷ᄒᆞ나判決主文에此ᄅᆞᆯ明示지아니ᄒᆞᆫ以上은縱令判決理由中에說明이有ᄒᆞᆯ지라도當事者ᄅᆞᆯ羈束ᄒᆞᄂᆞᆫ確定力이無ᄒᆞᆷ이本則이니其先決問題되ᄂᆞᆫ法律關係의成立或不成立에對ᄒᆞ야確定力이有ᄒᆞᆫ判決을得코져ᄒᆞᆯ時ᄂᆞᆫ不可不一般原則을依ᄒᆞ야更히獨立ᄒᆞᆫ訴ᄅᆞᆯ提起치아니치못ᄒᆞᆯ지니前에判斷ᄒᆞᆫ事項에對ᄒᆞ야毎次訴訟ᄒᆞᆫ

에서 선고된 청구 또는 법률관계를 말하는 것이다. 따라서 독립한 소로써 주장한 소송물에 대해서는 주문에 따라 확정력이 생기지만, 1개의 소의 소송물의 존부에 대해 선결문제가 되는 법률관계의 성립 또는 불성립에 관해서는 특별한 판결이 아니면 확정력이 없기 때문에, 일반적으로 재판소는 1개의 소송을 판단함에 있어 그 소송물의 선결문제로 되는 사항을 판단하지만 판결주문에 이를 명시하지 아니한 이상 판결이유 중에 설명이 있을지라도 당사자를 기속하는 확정력이 없는 것이 원칙이다. 이러한 선결문제가 되는 법률관계의 성립 또는 불성립에 대하여 확정력 있는 판결을 얻고자 하는 때에는 어쩔 수 없이 일반원칙에 따라 다시 독립한 소를 제기하지 않으면 안 되는데, 이에 의해 앞서 판단한 사항에 대하여 재차 소송을 하게 됨으로써

ᄂᆞᆫ無用의手數를增加ᄒᆞ며又或裁判의抵觸을生ᄒᆞᆯ지라是ᄂᆞᆫ附隨的確定訴를許ᄒᆞᆫ所以니左에其權利保護의條件及訴訟提起의要件을附述ᄒᆞᆫ건ᄃᆡ

一、附隨的確定訴의成立要件은第一에一個訴訟에繫屬됨을要ᄒᆞ며第二에一個訴訟進行中에爭議가有ᄒᆞᆫ法律關係됨을要ᄒᆞ며第三에其爭議가有ᄒᆞᆫ法律關係ᄂᆞᆫ本訴訟裁判에全部或一部에影響을及ᄒᆞᆷ을要ᄒᆞᄂᆞ니若此要件이具備치아니ᄒᆞᆫ時ᄂᆞᆫ成立ᄒᆞ기不能ᄒᆞ며

二、附隨的確定訴를提起ᄒᆞᄂᆞᆫ要件은第一에本訴訟의原告或被告에限ᄒᆞ야提起ᄒᆞᆷ을要ᄒᆞ며第二에申提의擴張或反訴의方法

무용한 업무가 증가하며 또한 재판의 저촉이 생길 수 있어 이러한 부수적 확정의 소가 허용되는 것이므로, 아래에서는 이러한 권리보호의 조건 및 소송 제기의 요건을 부가적으로 서술하고자 한다.

① **부수적 확정의 소의 성립요건은**, 첫째 1개의 소송이 계속될 것을 요하며, 둘째 1개의 소송 진행 중에 다툼이 있는 법률관계일 것을 요하며, 셋째 그 다툼있는 법률관계가 본 소송 재판의 전부 또는 일부에 영향을 미칠 것을 요하므로, 이러한 요건을 구비하지 않은 때에는 성립할 수 없으며,

② **부수적 확정의 소를 제기하는 요건은**, 첫째 본소송의 원고 또는 피고에 한하여 제기할 것을 요하며, 둘째 신청의 확장 또는 반소의 방법

으로行ᄒᆞᆷ을要ᄒᆞ며第三에本訴訟第一審口頭辯論終結前에行ᄒᆞᆷ을要ᄒᆞ며第四에訴訟物에對ᄒᆞ야本訴訟裁判所가事物及土地의管轄權을有ᄒᆞᆷ을要ᄒᆞᄂᆞ니右條件이欠缺ᄒᆞᆫ時ᄂᆞᆫ附隨的確定訴의實質이設或具備ᄒᆞᆯ지라도訴訟을提起치못ᄒᆞᆯ바ㅣ라

第三、創設의訴　創設의訴ᄂᆞᆫ私權의設定及消滅에判決을求ᄒᆞᄂᆞᆫ訴即權利狀態의變更을求ᄒᆞᄂᆞᆫ訴를謂ᄒᆞᆷ이니是以로給付의訴와如히被告의行爲或不行爲又或忍耐를要求ᄒᆞᆷ이아니며確定의訴와如히法律關係가旣히成立或不成立ᄒᆞᆷ을確定ᄒᆞᄂᆞᆫ判決을求ᄒᆞᆷ이아니오判決로써權利를發生ᄒᆞ며又或消滅케ᄒᆞᆷ을求ᄒᆞᄂᆞᆫ訴됨으로法律에特別ᄒᆞᆫ明文이有ᄒᆞᆷ이아니면此를行ᄒᆞ기不能ᄒᆞᆫ지라

으로 행할 것을 요하며, 셋째 본소송 제1심 구두*변론 종결 전에 행할 것을 요하며, 넷째 소송물에 대하여 본소송 재판소가 사물 또는 토지관할권을 가질 것을 요하므로, 위 조건이 흠결된 때에는 부수적 확정의 소의 실질이 설혹 구비되었다 할지라도 소송을 제기할 수 없는 것이다.

III. 창설의 소

창설의 소는 사권의 설정 및 소멸에 관한 판결을 구하는 소, 즉 권리상태의 변경을 구하는 소를 말하는 것으로서, 급부의 소와 같이 피고의 행위, 불행위 또는 인내를 요구하는 것이 아니며, 확정의 소와 같이 법률관계가 이미 성립 또는 불성립하였음을 확정하는 판결을 구하는 것이 아니다. 판결로써 권리가 발생 또는 소멸하는 것을 구하는 소이므로 법률에 특별히 명문이 있지 않으면 이를 행하는 것이 불가능하다.

* 현재의 우리 민사소송법에서는 “구두” 대신 “구술”이라는 용어를 사용하고 있다.

譬컨ᄃᆡ日本民法第四二四條에詐害行爲廢罷의訴와同第七八○條에婚姻徵消의訴와同第八一三條에離婚의訴와同第九七六條에家督相續人廢除의訴와同第九七七條에同徵消의訴와其他親權喪失、隱居無效의訴와同商法第一六三條에株主總會決議徵消를求ᄒᆞᄂᆞᆫ訴等이是라然而其性質에關ᄒᆞ야學說이歧貳ᄒᆞ야或非訟事件이라云ᄒᆞ며或忍耐를要求ᄒᆞᄂᆞᆫ給付訴의一種이라云ᄒᆞ며、或非訟事件도아니오給付의一種도아니오權利狀態의變更을求ᄒᆞᄂᆞᆫ特種의訴라云ᄒᆞ나非訟事件은私權에對ᄒᆞᆫ未來의危害를豫備ᄒᆞ기爲ᄒᆞ야行ᄒᆞᄂᆞᆫ節次이니侵害된私權의救濟를目的ᄒᆞᆫᄂᆞᆫ訴訟으로써非訟事件이라云ᄒᆞ기不能ᄒᆞ며且給付訴訟에在ᄒᆞᆫ

예컨대 일본 민법 제424조의 사해행위 폐파*의 소, 동 제780조의 혼인 작소**의 소, 동 제813조의 이혼의 소, 동 제976조의 가독***상속인 폐제****의 소, 동 제977조의 가독상속인 작소의 소, 기타 친권 상실·은거 무효의 소와 일본 상법 제163조의 주주총회 결의의 작소를 구하는 소 등이 그것이다. 나아가 그 성질에 관하여는 학설이 나누어지는데, 비송사건이라는 견해, 인내를 요구하는 급부의 소의 일종이라는 견해, 비송사건도 아니고 급부의 일종도 아니고 권리상태의 변경을 구하는 특별한 종류의 소라는 견해가 있다. 비송사건은 사권에 대한 미래의 위해를 예비하기 위하여 행하는 절차이기 때문에 침해된 사권의 구제를 목적으로 하는 소송을 비송사건이라고 말하는 것은 불가능하다. 또한 급부소송에 있어서

* 사해행위 취소의 의미이다.

** 본래의 작소(繳銷)는 흔적을 없애 버리는 것을 의미한다.

*** 구 민법상의 호주의 신분에 딸린 권리와 의무를 의미한다.

**** 일정한 법정 원인이 있는 경우 피상속인의 요구에 따라 상속인의 자격을 박탈하는 제도이다.

야其請求權의客體는行爲或忍耐됨과共히創設訴의目的은忍耐의給付를求ᄒᆞᄂᆞᆫ判決과強制執行을結合ᄒᆞᆷ에在ᄒᆞᆷ으로表面上給付의一種과如ᄒᆞ나給付訴에在ᄒᆞ야ᄂᆞᆫ給付判決이有ᄒᆞᆫ外에更히強制執行機關의行爲를要ᄒᆞ되創設訴에在ᄒᆞ야ᄂᆞᆫ判決이確定되ᄂᆞᆫ同時에執行의結果가發生ᄒᆞᄂᆞᆫ바ㅣ니然則權利狀態의變更을求ᄒᆞᄂᆞᆫ特種의訴라云ᄒᆞᆷ이可ᄒᆞ도다

第二款 訴의提起

訴訟節次ᄂᆞᆫ訴의提起로써始ᄒᆞ며訴의提起ᄂᆞᆫ原告가裁判所에對ᄒᆞ야私權保護를請求ᄒᆞᄂᆞᆫ一方的行爲라然而起訴方式에至ᄒᆞ야ᄂᆞᆫ二種으로써區分ᄒᆞᆷ을得ᄒᆞᄂᆞ니即書面으로써行ᄒᆞᆯ時ᄂᆞᆫ訴狀을裁判所

그 청구권의 객체는 행위 또는 인내인 것과 같이, 창설의 소의 목적은 인내의 급부를 구하는 판결과 강제집행을 결합함에 있으므로 표면상 급부의 일종과 같으나, 급부의 소에 있어서는 급부판결이 있는 외에 다시 강제집행기관의 행위를 요하는데, 창설의 소에 있어서는 판결이 확정됨과 동시에 집행의 결과가 발생하므로, 그렇다면 이는 권리상태의 변경을 구하는 특별한 종류의 소라고 말할 수 있을 것이다.

제2관 소의 제기

소송절차는 소의 제기로써 개시되며, 소의 제기는 원고가 재판소에 대하여 사권보호를 청구하는 일방적 행위이다. 소제기 방식에 관해서는 2종류로 구분할 수 있는데, 서면으로 하는 때에는 소장을 재판소에提出ᄒᆞ야行ᄒᆞ며口頭로ᄡᅥ行ᄒᆞᆯ時ᄂᆞᆫ裁判官又或書記面前에在ᄒᆞ야訴狀의要旨를陳述ᄒᆞ야ᄡᅥ行ᄒᆞ며尙且訴訟進行中口頭辯論에在ᄒᆞ야新請求를主張ᄒᆞᆯ時ᄂᆞᆫ口頭로陳述ᄒᆞᆷ을得ᄒᆞᄂᆞ니區裁判所訴訟節次에在ᄒᆞ야ᄂᆞᆫ書面又ᄂᆞᆫ口頭로ᄡᅥ起訴ᄒᆞᆷ을許ᄒᆞᆫ바ㅣ라

地方裁判所에對ᄒᆞᄂᆞᆫ訴의提起ᄂᆞᆫ訴狀을裁判所에提出ᄒᆞ야行ᄒᆞᆷ이本則이며訴狀의提出은原告或其代理人이訴狀을裁判所에交付ᄒᆞᆷ을云ᄒᆞᆷ이니即原告ᄂᆞᆫ訴狀에依ᄒᆞ야自己의主張ᄒᆞᄂᆞᆫ私權의保護를要求ᄒᆞᄂᆞᆫ要式的意思表示라然而日本現行訴訟法에在ᄒᆞ야ᄂᆞᆫ書面으로行ᄒᆞᄂᆞᆫ訴의提起ᄂᆞᆫ訴狀의提出을依ᄒᆞ야行ᄒᆞ나獨逸訴訟法에在ᄒᆞ야ᄂᆞᆫ書面에依ᄒᆞᄂᆞᆫ訴의提起ᄂᆞᆫ訴狀의送達을依ᄒᆞ야行ᄒᆞᆫ다ᄒᆞ

에 제출하여 행하며, 구두로 하는 때에는 재판관 또는 서기의 면전에서 소장의 요지를 진술하여 행한다. 또한 소송 진행 중 구두변론에서 새로운 청구를 주장할 때는 구두로 진술할 수 있으며, 구재판소(區裁判所) 소송절차에서는 서면 또는 구두로 제소하는 것이 허용된다.

지방재판소에 대한 소의 제기는 소장을 재판소에 제출하여 행하는 것이 원칙이며, 소장의 제출은 원고 또는 그 대리인이 소장을 재판소에 교부하는 것을 말한다. 즉, 원고가 소장에 의하여 자기가 주장하는 사권의 보호를 요구하는 요식적 의사표시인 것이다. 일본 현행 소송법에 있어서 서면으로 행하는 소의 제기는 소장의 제출에 의해 행하지만, 독일소송법에 있어서는 서면에 의한 소의 제기는 소장의 송달에 의하여 행한다고 하얏스니即獨送에在ᄒᆞ야ᄂᆞᆫ原告가口頭辯論期日을定ᄒᆞ기為ᄒᆞ야訴狀을裁判所에提出ᄒᆞ야期日을定ᄒᆞᆫ後에被告에對ᄒᆞ야送達의節次ᄅᆞᆯ行ᄒᆞᆷ으로訴의提起ᄂᆞᆫ訴狀의提出、口頭辯論期日의指定及訴狀送達의三種行為로成立ᄒᆞ며日本訴訟法改正案에在ᄒᆞ야ᄂᆞᆫ訴의提起ᄂᆞᆫ原告가訴狀을裁判所에提出ᄒᆞ며更히辯論期日의指定을申提ᄒᆞ며期日을定ᄒᆞᆫ後에裁判所書記ᄂᆞᆫ訴狀并呼出狀을被告의게送達ᄒᆞ야行케ᄒᆞ얏스니日本現行訴訟法은職權送達主義ᄅᆞᆯ採用ᄒᆞ고當事者送達主義ᄅᆞᆯ不取ᄒᆞ며且裁判所書記의行為即訴狀送達의遲速을因ᄒᆞ야原告行為에影響을及ᄒᆞ게ᄒᆞᆷ이不可ᄒᆞᆷ으로訴狀의提出로써訴의提起로看做ᄒᆞᄂᆞᆫ所以라

고 있다. 즉, 독일에서는 원고가 구두변론 기일을 정하기 위하여 소장을 재판소에 제출하여 기일을 정한 후에 피고에 대하여 송달의 절차를 행하기 때문에 소의 제기는 소장의 제출, 구두변론 기일의 지정 및 소장 송달의 3종의 행위로 성립한다. 일본 민사소송법 개정안에 있어서 소의 제기는 원고가 소장을 재판소에 제출하고 다시 변론 기일의 지정을 신청하며, 기일을 정한 후에 재판소 서기가 소장과 함께 호출장*을 피고에게 송달하여 행하도록 하였다. 일본 현행 소송법은 직권 송달주의를 채용하고 당사자 송달주의를 받아들이지 않았으며 또한 재판소 서기의 행위, 즉 소장 송달이 지체되는지 빨리 되는지에 의해 원고 행위에 영향을 미치게 하는 것은 불가하므로 소장의 제출로써 소의 제기를 간주하는 것이다.

* 현행 우리 민사소송법에서는 이를 '기일통지서'라 부른다.

訴狀은原告가訴訟節次의開始를表示ᄒᆞᄂᆞᆫ書面이며訴訟基礎를確定ᄒᆞᄂᆞᆫ書面이라然而地方裁判所訴訟節次에在ᄒᆞ야原則으로書面의訴狀을要ᄒᆞᄂᆞᆫ所以ᄂᆞᆫ訴의基礎를確定ᄒᆞ며辯論을準備코져ᄒᆞᄂᆞᆫ目的에出ᄒᆞᆷ이라是以로訴狀에ᄂᆞᆫ原告가如何ᄒᆞᆫ請求를提出ᄒᆞᆫ바ㅣ됨을明確히ᄒᆞ기爲ᄒᆞ야當事者、請求의原因、請求의目的、一定ᄒᆞᆫ申提及裁判所를表示치아니치못ᄒᆞᆯ지며尚且準備書面의一般規定을從ᄒᆞ야作成ᄒᆞᆯ지니玆에訴狀의要件을略述ᄒᆞ건ᄃᆡ

第一、當事者 當事者ᄂᆞᆫ原告及被告를謂ᄒᆞᆷ이니裁判所의判決을要求ᄒᆞᄂᆞᆫ權利主體와此에應訴ᄒᆞ며且裁判所判決에服從ᄒᆞᆷ을強制되ᄂᆞᆫ權利主體를謂ᄒᆞᆷ이라然而當事者의表示를必要ᄒᆞᄂᆞᆫ所以

소장은 원고가 소송절차의 개시를 표시하는 서면이며 소송 기초를 확정하는 서면이다. 지방재판소 소송절차에서 원칙적으로 서면의 소장을 요구하는 이유는 소의 기초를 확정하며 변론을 준비하고자 하는 목적에서 나온 것이다. 따라서 소장에는 원고가 어떠한 청구를 제출하는지를 명확히 하기 위해 당사자, 청구의 원인, 청구의 목적, 일정한 신청 및 재판소를 표시하지 않으면 안 되며 또한 준비서면의 일반 규정을 따라 작성하여야 한다. 이곳에서 소장의 요건을 약술하고자 한다.

I. 당사자

당사자는 원고 및 피고를 말하는데, 재판소의 판결을 요구하는 권리주체와 이에 응소하며 또한 재판소 판결에 복종할 것이 강제되는 권리주체를 말한다. 당사자의 표시를 필요로 하는 이유

ᄂᆞᆫ何人으로브터何人의게對ᄒᆞ야訴訟을提起ᄒᆞᆫ事됨을明白케ᄒᆞ고져ᄒᆞᆷ이나其記載方法에至ᄒᆞ야ᄂᆞᆫ法律에別段規定이無ᄒᆞ고但原告及被告의何人됨이無疑ᄒᆞᆫ程度로ᄡᅥ表示ᄒᆞᆷ을要ᄒᆞᆷ으로身分、職業、住所、氏名及商號等으로ᄡᅥ此를表示ᄒᆞᆯ지며尚且法定代理人、訴訟代理人其他參加人等은當事者中에包含ᄒᆞᄂᆞᆫ者ㅣ아니나然이나前述ᄒᆞᆷ과如히訴狀은準備書面의性質ᄭᆞ지具有ᄒᆞᆫ者ㅣ됨으로此等人을訴狀에記載ᄒᆞᆷ이ᄯᅩᄒᆞᆫ適當ᄒᆞᆫ바ㅣ라

第二、裁判所

裁判所의表示ᄂᆞᆫ訴에對ᄒᆞ야裁判을求코져ᄒᆞᄂᆞᆫ裁判所를表示ᄒᆞᆷ을謂ᄒᆞᆷ이니即原告ᄂᆞᆫ訴訟節次를開始ᄒᆞᆯ際에事物幷土地의管轄權이有ᄒᆞᆫ바裁判所를特定치아니치못ᄒᆞᆯ지라然而

는 어떤 사람으로부터 어떤 사람에 대해 소송을 제기한 사건인지 명백히 하기 위한 것이다. 그 기재방법에 관해서는 법률에 특별한 규정이 없고, 다만 원고 및 피고가 어떤 사람인지에 관해 의문이 없을(無疑) 정도로 표시할 것을 요하므로, 신분·직업·주소·성명 및 상호 등으로써 이를 표시할 것이다. 또한 법정대리인, 소송대리인 기타 참가인 등은 당사자에는 포함되지 않지만 앞서 언급한 바와 같이 소장은 준비서면의 성질까지도 가지는 것이므로 이들을 소장에 기재하는 것 또한 적당한 것이다.

II. 재판소

재판소의 표시는 소에 대하여 재판을 구하고자 하는 재판소를 표시함을 말한다. 즉, 원고는 소송절차를 개시할 때에 사물 및 토지의 관할권이 있는 재판소를 특정해야 한다.

裁判所ᄂᆞᆫ裁判所의名稱을表示ᄒᆞᆯᄲᅮᆫ이오単獨或合議裁判所의民事部云云ᄒᆞᄂᆞᆫ文字를記載지아니ᄒᆞ야도無妨ᄒᆞᆫ바ㅣ라

第三、請求의目的物　玆에所謂請求ᄂᆞᆫ實體法上請求權을謂ᄒᆞᆷ이며實體法上請求ᄂᆞᆫ他人의給付를謂ᄒᆞᆷ이니故로請求의目的은給付即行爲或不行爲에在ᄒᆞᆷ이라然而訴狀의要件으로他人의行爲或不行爲를記載케ᄒᆞᄂᆞᆫ法律規定은範圍가稍狹ᄒᆞᄂᆞ니給付訴訟에在ᄒᆞ야ᄂᆞᆫ請求의目的物即給付를記載ᄒᆞᆷ이適當ᄒᆞ나確認訴訟에在ᄒᆞ야ᄂᆞᆫ請求ᄂᆞᆫ其目的이아니오法律關係의成立及不成立을確定ᄒᆞᆯᄲᅮᆫ이니從ᄒᆞ야確認訴의法律關係ᄂᆞᆫ此를訴狀에記入ᄒᆞᆷ을不要ᄒᆞᆷ과如ᄒᆞᆫ지라然이나請求의目的物이라云ᄒᆞᆷ은多數境遇ᄂᆞᆫ

재판소는 재판소의 명칭을 표시할 뿐이고 단독 혹은 합의재판소의 민사부를 말하는 문자를 기재하지 아니하여도 무방하다.

III. 청구의 목적물

여기에서의 소위 청구는 실체법상의 청구권을 말하는 것이며, 실체법상 청구는 타인의 급부를 말하는 것이다. 따라서 청구의 목적은 급부, 즉 행위 또는 불행위에 있는 것이다. 소장의 요건으로 타인의 행위 또는 불행위를 기재하도록 하는 법률 규정은 범위가 매우 좁기 때문에 급부소송에 있어서는 청구의 목적물, 즉 급부를 기재하는 것이 적당하나, 확인소송에 있어서 청구는 그 목적이 아니라 법률관계의 성립 및 불성립을 확정할 뿐이므로 확인의 소의 법률관계는 이를 소장에 기입할 필요가 없는 것이다. 그러나 청구의 목적물이라고 말하는 것은 다수의 경우를

預想ᄒᆞᆫ規定이나確認訴又ᄂᆞᆫ創設訴等도ᄯᅩᄒᆞᆫ此에準ᄒᆞ야訴訟의目的物을記載치아니치못ᄒᆞᆯ지며且訴狀에此를表示ᄒᆞᆷ은如何ᄒᆞᆫ訴를提起ᄒᆞᆷ을特定ᄒᆞᄂᆞᆫ目的이니盖訴ᄂᆞᆫ其原因及目的物을依ᄒᆞ야內容을特定ᄒᆞᄂᆞᆫ所以라故로此를表示ᄒᆞᆷ에ᄂᆞᆫ明白無疑케ᄒᆞᆯ지니譬컨ᄃᆡ給付訴에在ᄒᆞ야金千圜又米百石이라表示ᄒᆞᆯ진ᄃᆡ是ᄂᆞᆫ單히行爲의目的을記載ᄒᆞᆯᄲᅮᆫ인즉金千圜又ᄂᆞᆫ米百石의返還을求ᄒᆞᆷ인지又或賠償을求ᄒᆞᆷ인지明白치아니ᄒᆞ며又或金千圜의支撥、米百石의返還이라記載ᄒᆞ야도ᄯᅩᄒᆞᆫ請求의目的을明白히表示ᄒᆞᆷ이아니니是以로原告ᄂᆞᆫ如何ᄒᆞᆫ法律關係로ᄡᅥ此等의返還或支撥을請求ᄒᆞᆷ을明白케ᄒᆞ기爲ᄒᆞ야貸金千圜의支撥、或寄托米百

예상한 규정이므로 확인의 소 또는 창설의 소 등도 이에 준하여 소송의 목적물을 기재해야만 하며, 또한 소장에 이를 표시함은 어떠한 소를 제기하는지를 특정하기 위함이다. 따라서 소는 그 원인 및 목적물에 의해 내용을 특정하는 것이므로 이를 표시할 때에는 명백하고 의문이 없도록 해야 할 것이다. 예컨대 급부의 소에 있어서 돈 천 환 또는 쌀 백 석이라고 표시한다면, 이는 단순히 행위의 목적을 기재할 뿐인 것으로 돈 천 환 또는 쌀 백 석의 반환을 구하는 것인지 또는 배상을 구하는 것인지 명백하지 아니하며 또한 돈 천 환의 지발, 쌀 백 석의 반환이라고 기재한다고 하여도 청구의 목적을 명백히 표시한 것이 아니다. 따라서 원고는 어떠한 법률관계로써 이들 반환 또는 지발을 청구하는지를 명백히 하기 위해 대금 천 환의 지발 또는 기탁미 백

石의返還等法律關係를반다시表示ᄒᆞᆯ지며確認訴及創設訴에至
ᄒᆞ야도仝一ᄒᆞᆫ바에準ᄒᆞ야明確히記載ᄒᆞᆷ이可ᄒᆞᆫ바ㅣ라
右와如히訴狀의要件되ᄂᆞᆫ請求의目的物은給付、或法律關係됨으
로多數境遇에在ᄒᆞ야ᄂᆞᆫ一定ᄒᆞᆫ申提中에包含되ᄂᆞᆫ바ㅣ니請求의
目的物을特別히表示ᄒᆞᆯ必要가無ᄒᆞᆯ듯ᄒᆞ나然이나一定ᄒᆞᆫ申提ᄂᆞᆫ
判決을求ᄒᆞᄂᆞᆫ바請願이오請求의目的物은實體法上關係나其趣
가不同ᄒᆞ며加之一定ᄒᆞᆫ申提와請求의目的物은반다시範圍를同
一히ᄒᆞᄂᆞᆫ바ㅣ아니니譬컨ᄃᆡ消費貸借에在ᄒᆞ야債權者가債務
者에對ᄒᆞ야貸金千圜의返還을要求ᄒᆞᆯ時ᄂᆞᆫ請求와其目的物이同
一ᄒᆞ나然이나原告가其全部를請求치아니ᄒᆞ고一部五百圜의辨

석의 반환 등 법률관계를 반드시 표시할 것이며, 확인의 소 및 창설의 소에 있어서도 또한 이에 준하여 명확히 기재해야 할 것이다. 위와 같이 소장의 요건이 되는 청구의 목적물은 급부 또는 법률관계이므로 많은 경우에 있어서는 일정한 신청 중에 포함되기 때문에 청구의 목적물을 특별히 표시할 필요가 없을 것이다. 그러나 일정한 신청은 판결을 구하는 청원이며 청구의 목적물은 실체법상의 관계이기 때문에 그 취지가 동일하지 않을 뿐만 아니라 일정한 신청과 청구의 목적물은 반드시 그 범위가 동일하지 않다. 예컨대 소비대차에 있어서 채권자가 채무자에 대하여 대금 천 환의 반환을 요구할 때는 청구와 그 목적물이 동일하지만, 원고가 그 전부를 청구하지 아니하고 일부인 오백 환의 변

償을求ᄒᆞᆫ時ᄂᆞᆫ請求의目的物은金千圜이나一定ᄒᆞᆫ申提ᄂᆞᆫ五百圜을支撥ᄒᆞᆯ旨의判決을求ᄒᆞᆷ에在ᄒᆞᄂᆞ니如斯히請求의目的物과一定ᄒᆞᆫ申提ᄂᆞᆫ一致치아니ᄒᆞᆷ이或有ᄒᆞᆯ지니是ᄂᆞᆫ請求의目的物을訴狀의獨立要件으로定ᄒᆞᆫ所以라

第四、請求의原因

玆에所謂請求의原因은即訴의原因을指ᄒᆞᆷ이니或事實關係라云ᄒᆞ며或法律關係라云ᄒᆞ야衆論이不一ᄒᆞ나然이나單히法律關係로ᄡᅥ請求의原因이라云ᄒᆞᆯ時ᄂᆞᆫ其事實을難ᄒᆞ야法律上關係를求ᄒᆞ기不能ᄒᆞ며又事實關係로ᄡᅥ請求의原因이라云ᄒᆞᆫ時ᄂᆞᆫ過去的事實로ᄡᅥ請求의原因이라直稱ᄒᆞ기不能ᄒᆞᄂᆞ니要ᄒᆞᆫ건ᄃᆡ是等學說은如何ᄒᆞᆫ事實이如何ᄒᆞᆫ法律關係를生ᄒᆞ야請

상을 구할 때는 청구의 목적물은 돈 천 환이나 일정한 신청은 오백 환을 지발하는 취지의 판결을 구함에 있는 것이니, 이와 같이 청구의 목적물과 일정한 신청은 일치하지 않을 수 있으며, 이것이 청구의 목적물을 소장의 독립 요건으로 정한 이유이다.

IV. 청구의 원인

소위 청구의 원인은 소의 원인을 가리키는 것인데, 혹은 사실관계라고 말하며 혹은 법률관계라고 말하여 의견이 일치되지 않고 있다. 그러나 단순히 법률관계를 청구의 원인이라 말할 때는 그 사실과 분리하여 법률상 관계를 구하는 것이 불가능하며 또한 사실관계를 청구의 원인이라 말할 때는 과거의 사실을 청구의 원인이라 직접 말하는 것이 불가능하다. 요컨대 이들 학설은 어떠한 사실이 어떠한 법률관계를 생기게 하여 청

求ᄒᆞᆯ行ᄒᆞᆷ에至ᄒᆞᆫ點에對ᄒᆞ야意見이相異ᄒᆞᆫ샹은이니或現實의事實로써原因이라云ᄒᆞᆷ이며或其結果된法律關係로써原因이라云ᄒᆞᆷ에無過ᄒᆞᆫ지라然則法律關係를生ᄒᆞᆷ에基礎된事實로써其原因이라云ᄒᆞᆷ이妥當ᄒᆞ니即如何ᄒᆞᆫ事實이如何ᄒᆞᆫ法律關係를成ᄒᆞᆷ인가譬컨ᄃᆡ物權에屬ᄒᆞᆫ請求될가將又債權에屬ᄒᆞᆫ請求될가ᄒᆞᆷ으로一定ᄒᆞᄂᆞᆫ類等이是라

第五、一定ᄒᆞᆫ申提 一定ᄒᆞᆫ申提ᄂᆞᆫ判決을求ᄒᆞᄂᆞᆫ請願이라即原告가訴에依ᄒᆞ야如何ᄒᆞᆫ判決을求ᄒᆞᄂᆞᆫ바申提를謂ᄒᆞᆷ이니判決을求ᄒᆞᄂᆞᆫ範圍並種類를明確히ᄒᆞᆷ을要ᄒᆞᆯ지라然而訴訟法은不干涉으로써原則을作ᄒᆞᆷ으로申提지아니ᄒᆞᆫ事項은此를當事者의게歸케

구를 하게 되었는지에 관해 의견이 상이할 뿐인데, 혹은 현실의 사실을 원인이라 말하며, 혹은 그 결과로 나온 법률관계를 원인이라 말하는 것에 불과한 것이다. 그렇다면 법률관계가 발생하는 데 기초가 되는 사실을 그 원인이라 말하는 것이 타당할 것이다. 즉, 어떤 사실이 어떤 법률관계를 성립시키는지, 예컨대 물권에 속하는 청구가 되는지 아니면 채권에 속하는 청구가 되는지와 같은 일정한 유형들이 이것이다.

V. 일정한 신청*

일정한 신청은 판결을 구하는 청원이다. 즉, 원고가 소에 의하여 어떠한 판결을 구하는 것을 신청이라 말하는데, 판결을 구하는 범위 및 종류를 명확히 할 것을 요한다. 소송법은 불간섭을 원칙으로 하므로 신청하지 아니한 사항은 이를 당사자에게 귀속시키지

* 원문에서는 이를 신제(申提)라고 표현하고 있으나 이 책에서는 '신청'으로 번역하였다.

아니ᄒᆞ며從ᄒᆞ야一定ᄒᆞᆫ申提ᄂᆞᆫ主ᄒᆞᆫ請求와附帶ᄒᆞᆫ請求ᄅᆞᆯ包含ᄒᆞᆫ지나唯訴訟費用負擔에對ᄒᆞ야ᄂᆞᆫ裁判所職權으로써裁判ᄒᆞᄂᆞᆫ바ㅣ니申提ᄒᆞᆯ必要가無ᄒᆞᆫ바며且一定ᄒᆞᆫ申提ᄂᆞᆫ原告가判決을求ᄒᆞᄂᆞᆫ事項을申提自體로써明確히表示ᄒᆞᆯ지니給付判決됨과確認判決됨은勿論ᄒᆞ고全部判決됨과一部判決됨을求ᄒᆞᄂᆞᆫ旨ᄅᆞᆯ明確히表示ᄒᆞᆯ지며又一定ᄒᆞᆫ申提ᄂᆞᆫ一個事項을意味ᄒᆞᆷ이아니오特定的으로表示ᄒᆞᆷ을謂ᄒᆞᆷ이니故로原告ᄂᆞᆫ第一申提並第二申提卽條件的申提와選擇的申提等을行ᄒᆞ되一定ᄒᆞᆫ申提됨에無妨ᄒᆞᆫ바ㅣ라

右와如히一定ᄒᆞᆫ申提ᄂᆞᆫ訴의種類ᄅᆞᆯ依ᄒᆞ야區別ᄒᆞᆷ을得ᄒᆞᄂᆞ니卽給付訴에對ᄒᆞ야ᄂᆞᆫ給付判決의宣示ᄅᆞᆯ求ᄒᆞᄂᆞᆫ申提、確認訴에對

아니하며, 일정한 신청은 주된 청구와 부대 청구를 포함한다. 다만 소송비용 부담에 대해서는 재판소가 직권으로 재판하기 때문에 신청을 필요로 하지 않는다. 또한 일정한 신청은 원고가 판결을 구하는 사항을 신청 자체로써 명확히 표시해야 하는데, 급부판결인지 확인판결인지는 물론, 전부판결인지 일부판결인지 그 구하는 취지를 명확히 표시하여야 한다. 또한 일정한 신청은 1개의 사항을 의미하는 것이 아니라 특정적으로 표시함을 말한다. 따라서 원고는 제1 신청과 함께 제2 신청, 즉 조건적 신청과 선택적 신청 등을 하여도 일정한 신청이 되는 것은 틀림이 없다. 위와 같이 일정한 신청은 소의 종류에 의하여 구별할 수 있다. 즉, 급부의 소에 대하여는 급부판결의 선고를 구하는 신청, 확인의 소에 대

ᄒᆞ야ᄂᆞᆫ法律關係의成立或不成立에確認의宣示ᄅᆞᆯ求ᄒᆞᄂᆞᆫ申提
創設訴에對ᄒᆞ야ᄂᆞᆫ法律關係의發生變更消滅의宣示ᄅᆞᆯ求ᄒᆞᄂᆞᆫ申
提ᄅᆞᆯ行ᄒᆞᆯ지며尙且一定ᄒᆞᆫ申提ᄂᆞᆫ其實質上으로區別ᄒᆞᆫ진ᄃᆡ實體法上
申提와訴訟法上申提로區別ᄒᆞᆯ지니給付判決、確認判決을求ᄒᆞ
ᄂᆞᆫ等申提ᄂᆞᆫ實體法上申提오執行判決을求ᄒᆞᄂᆞᆫ申提ᄂᆞᆫ訴訟法上
處分을求ᄒᆞᄂᆞᆫ申提라然이나訴訟法에視定ᄒᆞᆫ申提ᄂᆞᆫ恒常一定ᄒᆞᆫ
바ㅣ아니며實體法上의申提ᄂᆞᆫ恒常一定ᄒᆞᆫ바ㅣ니譬컨ᄃᆡ訴訟法
上申提即闕席判決을求ᄒᆞᄂᆞᆫ申提、假執行宣示ᄅᆞᆯ求ᄒᆞᄂᆞᆫ申提、
口頭辯論中止ᄅᆞᆯ求ᄒᆞᄂᆞᆫ申提와其他證據調査의申提等은並히一
定ᄒᆞᆫ申提가아니라

하여는 법률관계의 성립 또는 불성립에 대한 확인의 선고를 구하는 신청, 창설의 소에 대하여는 법률관계의 발생·변경·소멸의 선고를 구하는 신청을 해야 한다. 또한 일정한 신청은 그 실질에 의해 구별되는데, 실체법상 신청과 소송법상의 신청으로 구별된다. 급부판결, 확인판결을 구하는 등의 신청은 실체법상의 신청이고, 집행판결을 구하는 신청은 소송법상 처분을 구하는 신청이다. 그러나 소송법에서 규정한 신청은 항상 일정한 것이 아니며 실체법상의 신청은 항상 일정하다. 예컨대 소송법상 신청, 즉 궐석판결을 구하는 신청, 가집행선고를 구하는 신청, 구두변론 중지를 구하는 신청과 기타 증거조사의 신청 등은 모두 일정한 신청이 아니다.

上述ᄒᆞᆫ바五個條件은訴狀의形式上最必要ᄒᆞᆫ바ㅣ나是等條件에其
一이欠缺ᄒᆞᆫ時ᄂᆞᆫ不適法ᄒᆞᆫ訴狀이니適法지아니ᄒᆞᆫ訴狀은비록裁判
所에提出ᄒᆞ나提起ᄒᆞᆫ効力이無ᄒᆞᆫ바ㅣ라然而訴狀은前述ᄒᆞᆷ과如히
訴의基礎를確定ᄒᆞᄂᆞᆫ書面됨과同時에準備書面의性質을合有ᄒᆞᆫ者
ㅣ됨으로準備書面에記載ᄒᆞᆯ事項中에必要ᄒᆞᆫ事項은또ᄒᆞᆫ記載ᄒᆞᆷ이
可ᄒᆞ며裁判所의管轄이訴訟物價額을因ᄒᆞ야定ᄒᆞᆫ境遇를當ᄒᆞ야其
訴訟物이一定ᄒᆞᆫ金額이아닌時ᄂᆞᆫ其價額을또ᄒᆞᆫ記載ᄒᆞᆷ이適當ᄒᆞ나
此等事項을記載지아니ᄒᆞ야도其効力에至ᄒᆞ야ᄂᆞᆫ影響이無ᄒᆞ며但
如斯ᄒᆞᆫ準備的事項을記載지아니ᄒᆞᆷ을因ᄒᆞ야被告가口頭辯論期日
에即時答辯ᄒᆞ기不能ᄒᆞ야辯論期日을更定ᄒᆞᆯ必要가有ᄒᆞ며且此로

위에서 설명한 5개의 조건은 소장의 형식상 반드시 필요한 것이며, 이들 조건에 하나라도 흠결이 있는 때에는 부적법한 소장이고, 적법하지 아니한 소장은 비록 재판소에 제출해도 제출의 효력이 없다. 나아가 소장은 전술한 바와 같이 소의 기초를 확정하는 서면임과 동시에 준비서면의 성질을 가지고 있는 것이므로 준비서면에 기재할 사항 중에 필요한 사항은 또한 기재할 수 있으며, 재판소의 관할이 소송물 가액에 따라 정해지는 경우에는 그 소송물이 일정한 금액이 아닌 때에는 그 가액을 또한 기재하는 것이 적당하지만, 이들 사항을 기재하지 아니하여도 그 효력에는 영향이 없다. 단, 이와 같은 준비적 사항을 기재하지 아니함으로 인하여 피고가 구두변론 기일에서 즉시 답변하기 불가능하여 변론 기일을 경정할 필요가 있고 또한 이로

因ᄒᆞ야費用이生ᄒᆞᆫ時ᄂᆞᆫ原告가負擔ᄒᆞᄂᆞᆫ바ㅣ며尚且訴狀에ᄂᆞᆫ印紙法規定을從ᄒᆞ야印紙를帖付ᄒᆞᆯ지니若印紙를帖付치아니ᄒᆞᆫ時ᄂᆞᆫ佐ᄒᆞᆫ訴狀의効力이無ᄒᆞ나然이나印紙法과訴訟法은其趣가不同ᄒᆞ므로後日에此를追完ᄒᆞᆷ을許ᄒᆞᄂᆞᆫ바ㅣ라

前述ᄒᆞᆫ바必要條件이欠缺ᄒᆞᆫ訴狀은其効가無ᄒᆞ나此에對ᄒᆞ야救濟ᄒᆞᄂᆞᆫ方法이又有ᄒᆞ니

第一、裁判長의欠缺補正命令　原告가裁判所에提出ᄒᆞᆫ訴狀이其必要條件을欠缺ᄒᆞᆫ時ᄂᆞᆫ受訴裁判所、裁判長은適當ᄒᆞᆫ期間을定ᄒᆞ야欠缺、補正ᄒᆞᆷ을命ᄒᆞᆷ을得ᄒᆞᄂᆞ니辯護士訴訟主義를採用ᄒᆞᆫ邦國에在ᄒᆞ야ᄂᆞᆫ必要치아니ᄒᆞᆫ規定될ᄲᅮᆫ아니라訴의提起를當事者行為

인하여 비용이 생길 때에는 원고가 부담하여야 한다. 또한 소장에는 인지법 규정을 따라 인지를 첩부하여야 하는데, 만약 인지를 첩부하지 아니하는 때에는 또한 소장의 효력이 없는 것이나 인지법과 소송법은 그 취지가 같지 않으므로 후일에 이를 추완하는 것을 허용한다.

전술한 바와 같이 필요조건이 흠결된 소장은 그 효력이 없으나 이에 대하여 구제하는 방법이 또한 존재한다.

I. 재판장의 흠결보정명령

원고가 재판소에 제출한 소장이 그 필요조건을 흠결한 때에는 수소재판소 재판장은 적당한 기간을 정하여 흠결보정을 명할 수 있는데, 변호사소송주의를 채용한 나라에서는 필요하지 아니한 규정일 뿐 아니라 소의 제기를 당사자 행위에放任ᄒᆞ야責問權을喪失케ᄒᆞᄂᆞᆫ規定이有ᄒᆞᆫ以上은訴狀要件의欠缺等은當事者意思에一任ᄒᆞᆯ바오特히補正命令等規定을要치아니ᄒᆞᆯ지나本人訴訟主義를採用ᄒᆞᆫ邦國에在ᄒᆞ야ᄂᆞᆫ訴訟上知識經驗이乏少ᄒᆞᆫ當事者를保護ᄒᆞ야手數及費用을節略케아니치못ᄒᆞᆯ지며加之日本訴訟法과如ᄒᆞᆷ은獨逸과如히責問權喪失의規定을不設ᄒᆞ고訴狀의要件을審查ᄒᆞᆷ은裁判長의職務로定ᄒᆞ얏스며且訴의提起ᄂᆞᆫ訴狀을送達ᄒᆞᆫ時에効力이生케아니ᄒᆞ고訴狀의提出로써其効를生케ᄒᆞ얏스니欠缺補正命令의規定은實노適宜ᄒᆞᆫ制度라云ᄒᆞᆯ지로다

原告가裁判長의命令을從ᄒᆞ야訴狀의欠缺을補正ᄒᆞᆫ時ᄂᆞᆫ其補正

에 맡겨 두어 책문권을 상실하도록 하는 규정이 있는 이상은 소장요건의 흠결 등은 당사자 의사에 일임해야 하고, 특히 보정명령 등 규정이 필요치 아니할 것이지만, 본인소송주의를 채용한 나라에서는 소송상 지식 경험이 부족한 당사자를 보호하여 업무 및 비용을 절약하도록 하지 않으면 안 된다. 뿐만 아니라 일본 민사소송법, 독일 민사소송법과 같이 책문권 상실의 규정을 두지 아니 하고 소장의 요건을 심사하는 것을 재판장의 직무로 정하였으며, 또한 소의 제기는 소장을 송달한 때에 효력이 생기지 아니하고 소장의 제출로써 그 효력이 생기도록 하였다는 점에서 흠결보정 명령의 규정은 실로 적의한 제도라고 말할 수 있다.

원고가 재판장의 명령에 따라 소장의 흠결을 보정한 때는 그 보정

ᄒᆞᆫ日로브터起訴ᄒᆞᆫ效力이發生ᄒᆞ며若其指定ᄒᆞᆫ期間內에補正치아니ᄒᆞᆫ時ᄂᆞᆫ裁判長은命令으로ᄡᅥ訴狀을原告의게返還ᄒᆞᄂᆞᆫ바ㅣ나然이나此返還命令은實體法上의當否ᄅᆞᆯ判斷ᄒᆞᆷ이아니오訴訟節에關ᄒᆞᄂᆞᆫ一種의命令이니從ᄒᆞ야原告ᄂᆞᆫ更히適法ᄒᆞᆫ訴狀을提出ᄒᆞᆷ을得ᄒᆞᆷ은勿論이나此返還命令은原告利害에關係가多大ᄒᆞᆷ으로此에不服ᄒᆞᄂᆞᆫ時ᄂᆞᆫ即時抗告의方法으로ᄡᅥ裁判의變更을求ᄒᆞᄂᆞᆫ바ㅣ라

第二、欠缺을補正ᄒᆞᄂᆞᆫ書面의提出 原告가裁判所에提出ᄒᆞᆫ訴狀에其必要條件이欠缺ᄒᆞᆫ境遇에裁判長이此ᄅᆞᆯ審査ᄒᆞ야補正命令을行ᄒᆞᆷ은當然ᄒᆞ나若此補正命令이無ᄒᆞ며且訴狀이被告의게送

한 날로부터 제소한 효력이 발생하며, 만약 그 지정한 기간 내에 보정하지 아니하는 때에는 재판장은 명령으로써 소장을 원고에게 반환한다. 그러나 이러한 반환명령은 실체법상의 당부를 판단함이 아니며 소송절차에 관한 일종의 명령이다. 따라서 원고는 다시 적법한 소장을 제출할 수 있음은 물론이다. 이러한 반환명령은 원고의 이해에 관계가 크므로 이에 불복하는 때에는 즉시항고의 방법으로써 재판의 변경을 구할 수 있다.

II. 흠결을 보정하는 서면의 제출

원고가 재판소에 제출한 소장에 그 필요조건이 흠결된 경우에 재판장이 이를 심사하여 보정명령을 하는 것은 당연하지만, 만약 이러한 보정명령이 없고 또한 소장이 피고에게 송

達되기以前에在ᄒᆞ야ᄂᆞᆫ原告ᄂᆞᆫ自進ᄒᆞ야欠缺補正의書面을提出ᄒᆞ야補正ᄒᆞᆷ을得ᄒᆞᄂᆞ니此境遇에在ᄒᆞ야訴의提起効力은仍ᄒᆞᆫ欠缺補正의有ᄒᆞᆫ時로브터發生ᄒᆞ며被告가訴狀의送達을受ᄒᆞᆫ時에欠缺을補正고져ᄒᆞᆯ진ᄃᆡ更히訴狀의必要條件全體ᄅᆞᆯ記載ᄒᆞᆫ書面을裁判所에提出ᄒᆞ야此ᄅᆞᆯ被告의게送達ᄒᆞᆯ지니何者오凡民事訴訟法上에所謂適合ᄒᆞᆫ權利拘束發生의條件은原告가適法ᄒᆞᆫ訴狀을提出ᄒᆞᆷ과同時에被告의게送達ᄒᆞᆷ을要ᄒᆞᄂᆞ니不適法ᄒᆞᆫ訴狀을被告의게送達ᄒᆞᆫ後更히欠缺要件ᄲᅮᆫ記載ᄒᆞᆫ書面을送達ᄒᆞᆷ은訴狀의送達이라云ᄒᆞ기不能ᄒᆞᆫ所以니라

第三款 起訴의要件

달되기 이전인 경우라면 원고는 자진하여 흠결보정의 서면을 제출하여 보정할 수 있다. 이 경우에는 소의 제기 효력은 또한 흠결보정이 있는 때로부터 발생하며, 피고가 소장의 송달을 받은 때에 흠결을 보정하고자 한다면 다시 소장의 필요조건 전체를 기재한 서면을 재판소에 제출하고 이를 피고에게 송달하여야 한다. 왜냐하면 보통 민사소송법상 소위 적법한 권리구속 발생의 조건은 원고가 적법한 소장을 제출함과 동시에 피고에게 송달함을 요하므로, 부적법한 소장을 피고에게 송달한 후 다시 흠결요건만을 기재한 서면을 송달하는 것은 소장의 송달이라고 할 수 없기 때문이다.

제3관 소 제기의 요건

起訴의要件은訴訟關係成立에必要ᄒᆞᆫ事項全體를謂ᄒᆞᆷ이며訴訟關係ᄂᆞᆫ原告가訴를依ᄒᆞ야主張ᄒᆞᄂᆞᆫ私法關係에對ᄒᆞ야受訴裁判所가審理裁判ᄒᆞᄂᆞᆫ바裁判所及當事者間의權利義務를包括ᄒᆞᄂᆞᆫ三面的關係를謂ᄒᆞᆷ이니訴訟關係가發生ᄒᆞᆷ이아니면裁判所ᄂᆞᆫ原告가主張ᄒᆞᄂᆞᆫ私法關係에對ᄒᆞ야審理裁判ᄒᆞᆷ을不得ᄒᆞ며從ᄒᆞ야本案의辯論及裁判을不爲ᄒᆞᄂᆞᆫ바ㅣ라然而起訴要件에對ᄒᆞ야欠缺이有ᄒᆞᆫ時ᄂᆞᆫ相對者의攻擊을不待ᄒᆞ며且訴訟이如何ᄒᆞᆫ程度에在ᄒᆞᆷ을不問ᄒᆞ고裁判所의職權으로調査ᄒᆞᄂᆞᆫ所謂絕對的事項과相對者의主張을因ᄒᆞ야調査ᄒᆞᄂᆞᆫ所謂關係的事項이有ᄒᆞᄂᆞ니職權調査에對ᄒᆞ야起訴要件이具備ᄒᆞᆷ을證明ᄒᆞᄂᆞᆫ責任은原告의게常在ᄒᆞ며相對者의主張

소 제기의 요건은 소송관계 성립에 필요한 사항 전체를 말하는데, 소송관계는 원고가 소에 의하여 주장하는 사법관계에 대하여 수소재판소가 심리, 재판하기 때문에 재판소 및 당사자 사이의 권리 의무를 포괄하는 3면적 관계를 말한다. 소송관계가 발생하지 않으면 재판소는 원고가 주장하는 사법관계에 대하여 심리, 재판하는 것이 불가능하며, 따라서 본안의 변론 및 재판을 할 수 없다. 소 제기의 요건에 대하여 흠결이 있는 때에는 상대자의 공격을 기다리지 않고 또한 소송이 어떠한 정도에 있는지 불문하고 재판소가 직권으로 조사하는 소위 절대적 사항과 상대자의 주장이 있어야 조사하는 소위 관계적 사항이 있는데,* 직권조사에 대하여 소 제기 요건의 구비에 관한 증명책임은 항상 원고에게 있으며, 상대자의 주장

* 현대의 민사소송에서는 이들을 '직권조사 사항'과 '항변 사항'이라는 용어로 나누어 설명하고 있다.

을因ᄒᆞ야調査ᄒᆞᄂᆞᆫ起訴要件에對ᄒᆞ야欠缺ᄒᆞᆷ을證明ᄒᆞᄂᆞᆫ責任은被告의게常在ᄒᆞᆫ바ㅣ라

起訴要件은裁判所、當事者、訴의目的物及訴의方式에關ᄒᆞ야各〻特殊ᄒᆞᆫ事項이有ᄒᆞᆷ으로是等事項이具備ᄒᆞᆫ後에訴訟關係가始成ᄒᆞᄂᆞ니左에各種要件에就ᄒᆞ야略論ᄒᆞ노라

第一、裁判所에關ᄒᆞᆫ要件 裁判所가其訴訟에對ᄒᆞ야管轄權이有ᄒᆞᆷ을要ᄒᆞᄂᆞ니即受訴裁判所가土地及事物의管轄有無ᄅᆞᆯ調査ᄒᆞᆷ은裁判所職權에屬ᄒᆞᆫ바ㅣ며且受訴裁判所가管轄權이無ᄒᆞᆯ時ᄂᆞᆫ被告ᄂᆞᆫ管轄違의抗辯을提出ᄒᆞᆷ을得ᄒᆞ나然이나專屬管轄의規定이無ᄒᆞᆫ事件又ᄂᆞᆫ財産上請求에對ᄒᆞ야ᄂᆞᆫ法律上管轄合意ᄒᆞᆷ을認ᄒᆞᆷ

이 있어야 조사하는 소 제기 요건의 흠결에 관한 증명책임은 항상 피고에게 있다.

소 제기의 요건은 재판소, 당사자, 소의 목적물 및 소의 방식에 관하여 각각 특수한 사항이 존재하므로 이들 사항이 구비된 뒤에야 소송관계가 비로소 성립하므로 아래에서는 각종 요건에 관해 약술한다.

I. 재판소에 관한 요건

재판소가 그 소송에 대하여 관할권이 있어야 한다. 즉, 수소재판소가 토지 및 사물관할의 유무를 조사함은 재판소의 직권에 속하는 것이며 또한 수소재판소가 관할권이 없는 때에는 피고는 관할 위반의 항변을 제출할 수 있다. 그러나 전속관할의 규정이 없는 사건 또는 재산상의 청구에 대해서는 법률상 관할합의를 인정함으로ᄡᅥ被告가妨訴抗辯을提出치아니ᄒᆞ거나管轄合意의條件이具備ᄒᆞᆫ時ᄂᆞᆫ法定管轄權이無ᄒᆞᆫ裁判所라도管轄權이有ᄒᆞᆫ바ㅣ라

第二、當事者에關ᄒᆞᆫ要件　當事者能力及訴訟能力에欠缺이無ᄒᆞᆷ을要ᄒᆞᄂᆞ니若此에欠缺이有ᄒᆞᆫ時ᄂᆞᆫ相對者ᄂᆞᆫ妨訴抗辯을行得ᄒᆞ며且裁判所에셔도職權으로調査ᄒᆞᄂᆞᆫ바ㅣ라

第三、訴訟物에關ᄒᆞᆫ要件　此를更히細別ᄒᆞ건ᄃᆡ

一、訴의目的物이通常裁判所權限에屬ᄒᆞᆷ을要ᄒᆞᆷ　是以로性質上特別裁判所權限에屬ᄒᆞᆫ事項이라도法律上通常裁判所管轄로定ᄒᆞᆫ時ᄂᆞᆫ審判ᄒᆞᆯ權이有ᄒᆞ며性質上通常裁判所權限에屬ᄒᆞᆫ事項이라도法律上特別裁判所管轄로定ᄒᆞᆫ時ᄂᆞᆫ審判ᄒᆞᆷ을不得

으로써 피고가 방소항변을 제출하지 아니하거나 관할합의의 조건이 구비된 때에는 법정관할권이 없는 재판소라도 관할권을 가지게 된다.

II. 당사자에 관한 요건

당사자능력 및 소송능력에 흠결이 없어야 한다. 만약 이에 흠결이 있는 때에는 상대자는 방소항변을 할 수 있으며 또한 재판소도 직권으로 조사할 수 있다.

III. 소송물에 관한 요건

이를 다시 자세히 나누어 보면

① 소의 목적물이 통상 재판소의 권한에 속함을 요함

성질상 특별 재판소의 권한에 속하는 사항이라도 법률상 통상 재판소의 관할로 정한 때에는 심판을 할 권한이 있으며, 성질상 통상 재판소의 권한에 속하는 사항이라도 법률상 특별 재판소의 관할로 정한 때에는 심판을 할 수

ᄒᆞᄂᆞ니其管轄權有無를審査ᄒᆞᆷ은受訴裁判所職權에屬ᄒᆞ며且被告ᄂᆞᆫ妨訴抗辯을行ᄒᆞᄂᆞᆫ바ㅣ라

二、訴의目的物에對ᄒᆞ야他의權利拘束되지아니ᄒᆞᆷ을要ᄒᆞᆷ 權利拘束은訴訟關係를謂ᄒᆞᆷ이니旣히權利拘束이生ᄒᆞᆫ訴訟될時ᄂᆞᆫ重疊의訴訟을開始ᄒᆞ야無用의節次를行ᄒᆞᆯ必要가無ᄒᆞᆷ으로被告ᄂᆞᆫ權利拘束의抗辯을提出ᄒᆞ야訴의却下를請求ᄒᆞᆷ을得ᄒᆞᄂᆞ니如斯히日本現行法에在ᄒᆞ야ᄂᆞᆫ被告의抗辯을俟ᄒᆞ야調査케ᄒᆞ얏스나同改正案에在ᄒᆞ야ᄂᆞᆫ被告의抗辯을不待ᄒᆞ고裁判所의職權으로調査케ᄒᆞᆫ바ㅣ라

三、原告가訴訟費用保證을立ᄒᆞᆯ義務가有ᄒᆞᆫ境遇에此를立ᄒᆞᆯ事

없다. 그 관할권 유무를 심사하는 것은 수소재판소의 직권에 속하며 또한 피고는 방소항변을 할 수 있다.

② 소의 목적물에 대하여 다른 권리구속이 되지 아니 함을 요함

권리구속은 소송관계를 말하는 것이며, 이미 권리구속이 생긴 소송이 되는 때에는 중첩의 소송을 개시하여 무용한 절차를 행할 필요가 없으므로 피고는 권리구속의 항변을 제출하여 소의 각하를 청구할 수 있다. 이와 같이 일본 현행법에서는 피고의 항변을 기다려 조사하도록 하고 있으나 동법 개정안에서는 피고의 항변을 기다리지 않고 재판소의 직권으로 조사하도록 하였다.

③ 원고가 소송비용 보증을 제공할 의무가 있는 경우에 이를 제공할 것

外國人原告가日本人에對ᄒᆞ야起訴ᄒᆞᆫ時와又或原告의從參加人이되야訴訟에附隨ᄒᆞᆫ時ᄂᆞᆫ同國民事訴訟法第八八條第一項規定을依ᄒᆞ야訴訟費用保證을立ᄒᆞᆯ지니不然ᄒᆞᆫ時ᄂᆞᆫ被告의抗辯을因ᄒᆞ야訴訟關係가成立치아니ᄒᆞᄂᆞᆫ바ㅣ라

四、原告가前訴訟費用에對ᄒᆞ야辨償을行ᄒᆞᆫ事 原告가一次提起ᄒᆞᆫ訴를取下ᄒᆞ고更히同一訴를提起ᄒᆞᆫ境遇에前訴訟費用을辨償치아니ᄒᆞᆫ時ᄂᆞᆫ被告ᄂᆞᆫ民事訴訟法第一九八條第四項規定을從ᄒᆞ야抗辯의理由를作ᄒᆞ며從ᄒᆞ야訴訟關係가成立치아니ᄒᆞᄂᆞᆫ바ㅣ라

第四、訴의方式에關ᄒᆞᆫ要件 原告의起訴行爲가適法ᄒᆞ며訴狀或

외국인 원고가 일본인에 대하여 소를 제기하는 때 또는 원고의 종참가인이 되어 소송에 관련된 때는 일본 민사소송법 제88조 제1항의 규정에 의하여 소송비용 보증을 제공하여야 하며, 그렇지 않으면 피고의 항변으로 인해 소송관계가 성립하지 않게 된다.

④ 원고가 앞선 소송비용에 대하여 변상을 하였을 것

원고가 1차로 제기한 소를 취하하고 다시 동일한 소를 제기한 경우에 앞선 소송비용을 변상하지 않은 때는 피고는 민사소송법 제198조 제4항 규정을 따라 항변의 이유로 삼을 수 있으며 따라서 소송관계가 성립하지 않는다.

IV. 소의 방식에 관한 요건

원고의 소 제기 행위가 적법하며 소장 또는

其他事項의送達을依ᄒᆞ야權利拘束을生ᄒᆞᆷ에ᄂᆞᆫ其送達行爲가適法됨을要ᄒᆞᆷ은多言을不待ᄒᆞᆯ바ㅣ라

第四款 權利拘束

權利拘束은一定ᄒᆞᆫ訴訟物에對ᄒᆞ야裁判所及當事者間에發生ᄒᆞᆫ訴訟關係卽適法ᄒᆞᆫ訴의提起又ᄂᆞᆫ訴狀의送達을依ᄒᆞ야生ᄒᆞᄂᆞᆫ訴訟法上의効果를總稱ᄒᆞᆫ바ㅣ니左에略述코져ᄒᆞ노라

第一、權利拘束의發生 權利拘束은左의境遇에發生ᄒᆞᄂᆞ니

一、訴狀의提出을依ᄒᆞ야提起ᄒᆞᄂᆞᆫ訴訟境遇에在ᄒᆞ야ᄂᆞᆫ適法ᄒᆞᆫ訴狀을被告의게送達ᄒᆞᆫ時

二、區裁判所에在ᄒᆞ야口頭로ᄡᅥ訴를提起ᄒᆞᆫ時ᄂᆞᆫ裁判所書記가

기타 사항의 송달에 의하여 권리구속이 발생하기 위해서는 그 송달행위가 적법해야 함은 다언을 요하지 않는다.

제4관 권리구속*

권리구속은 일정한 소송물에 대하여 재판소 및 당사자 사이에 발생한 소송관계, 즉 적법한 소의 제기 또는 소장의 송달에 의하여 발생하는 소송법상의 효과를 총칭하는 것으로서 아래에서 약술하고자 한다.

I. 권리구속의 발생

권리구속은 아래의 경우에 발생한다.

① 소장의 제출에 의하여 제기하는 소송의 경우에는 적법한 소장을 피고에게 송달한 때

② 구재판소에서 구두로 소를 제기한 때는 재판소 서기가

* 현재 우리 민사소송에서는 이를 "소송계속(訴訟係屬)"이라고 한다.

作成ᄒᆞᆫ調書의謄本을被告의게送達ᄒᆞᆫ時

三、區裁判所에在ᄒᆞ야原告가被告及裁判官面前에셔口頭로써訴를提起ᄒᆞᆫ時

四、被告가反訴를提起ᄒᆞᆫ境遇에在ᄒᆞ야ᄂᆞᆫ其反訴의條件을記載ᄒᆞᆫ答辯書又ᄂᆞᆫ特別書面이相對者의게送達된時

五、訴訟進行中口頭辯論에在ᄒᆞ야申提의擴張、法律上의特許ᄒᆞᆫ訴의變更、附隨的確認訴의提起其他被告가反訴를提起ᄒᆞᆫ時ᄂᆞᆫ此等事項을口頭로써陳述ᄒᆞᆫ時

六、督促節次에在ᄒᆞ야支撥命令을債務者의게送達ᄒᆞᆫ時

第二、權利拘束의效力　權利拘束의效力은裁判所ᄂᆞᆫ本案訴訟物

작성한 조서의 등본을 피고에게 송달한 때

③ 구재판소에서 원고가 피고 및 재판관 면전에서 구두로 소를 제기한 때

④ 피고가 반소를 제기한 경우에는 그 반소의 조건을 기재한 답변서 또는 특별서면이 상대자에게 송달된 때

⑤ 소송 진행 중 구두변론에서 신청의 확장, 법률상 특별히 허가한 소의 변경, 부수적 확인의 소의 제기 기타 피고가 반소를 제기한 때는 이들 사항을 구두로 진술한 때

⑥ 독촉절차에서 지발명령*을 채무자에게 송달한 때

II. 권리구속의 효력

권리구속의 효력은, 재판소는 본안 소송물

* 현재 우리 독촉절차에서는 이를 "지급명령"이라 한다(민사소송법 제462조 이하 참조).

에對ᄒᆞ야審理裁判ᄒᆞᆯ權利義務가生ᄒᆞ며當事者ᄂᆞᆫ訴訟을追行ᄒᆞ야裁判을受ᄒᆞᄂᆞᆫ權利義務가發生ᄒᆞᄂᆞ니以下逐次論述ᄒᆞ노라

一、當事者一方이本訴又ᄂᆞᆫ反訴로ᄡᅥ同一訴訟物에對ᄒᆞ야他裁判所에起訴ᄒᆞᆫ時ᄂᆞᆫ相對者ᄂᆞᆫ權利拘束의抗辯을行ᄒᆞᄂᆞ니是ᄂᆞᆫ同一事件에對ᄒᆞ야再度의審理及辯論을行ᄒᆞᆯ必要가無ᄒᆞ며且裁判의抵觸을避ᄒᆞ고져ᄒᆞᆷ이라然而此權利拘束妨訴의抗辯을行ᄒᆞᆷ에ᄂᆞᆫ左의諸件이具備ᄒᆞᆷ을要ᄒᆞᄂᆞ니

甲、前訴와後訴의訴訟當事者가同一ᄒᆞᆫ事

乙、前訴와後訴의訴訟原因이同一ᄒᆞᆫ事

丙、前訴와後訴의訴訟目的物이同一ᄒᆞᆫ事

에 대하여 심리 재판할 권리의무가 생기며 당사자는 소송을 수행하여 재판을 받을 권리의무가 발생한다. 이하 차례대로 논술하고자 한다.

① 당사자 일방이 본소 또는 반소로써 동일 소송물에 대해 다른 재판소에 제소한 때는 상대자는 권리구속의 항변을 하는데, 이는 동일사건에 대하여 거듭하여 심리와 변론을 행할 필요가 없으며 또한 재판의 저촉을 피하기 위한 것이다. 이러한 권리구속 방소의 항변을 행함에는 아래의 여러 조건을 구비하는 것이 필요하다.

甲. 전소와 후소의 소송당사자가 동일할 것.

乙. 전소와 후소의 소송원인이 동일할 것.

丙. 전소와 후소의 소송목적물이 동일할 것.

二、受訴裁判所의管轄이確定ᄒᆞᆫ나凡裁判所管轄은土地及事物을勿論ᄒᆞ고訴訟物에權利가拘束ᄒᆞ야一次管轄이確定ᄒᆞᆫ時ᄂᆞᆫ以後事情의變更을因ᄒᆞ야變動ᄒᆞᆷ이無ᄒᆞᆫ지라譬컨ᄃᆡ日本民事訴訟法第一九五條第二號에受訴裁判所의管轄은訴訟物價額의增減、住所의變更其他管轄을定ᄒᆞᆫ事情의變更을因ᄒᆞ야變換ᄒᆞᆷ이無ᄒᆞ다ᄒᆞᆷ이是라

三、原告ᄂᆞᆫ訴를變更ᄒᆞᆷ을不得ᄒᆞᄂᆞ니凡訴ᄂᆞᆫ當事者、請求의原因及其目的物、一定ᄒᆞᆫ申提等으로브터成立ᄒᆞᆷ으로若其一을變更ᄒᆞᄂᆞᆫ時ᄂᆞᆫ別個獨立ᄒᆞᆫ訴를起ᄒᆞᆷ과無異ᄒᆞᆫ지라然而權利拘束의効力으로訴를變更ᄒᆞᆷ을不許ᄒᆞᆫ다ᄒᆞᆷ은訴의原因及申提를變

② 수소재판소의 관할이 확정된다. 일반적으로 재판소 관할은 토지와 사물을 막론하고 소송물에 권리가 구속되어 한번 관할이 확정된 때에는 이후 사정의 변경을 이유로 변동하지 않는다. 예컨대 일본 민사소송법 제195조 제2호의 수소재판소의 관할은 소송물 가액의 증감, 주소의 변경 기타 관할을 정하는 사정의 변경으로 인하여 변환되지 않는다.

③ 원고는 소를 변경할 수 없다. 일반적으로 소는 당사자, 청구의 원인 및 그 목적물, 일정한 신청 등으로부터 성립하므로 만약 그중 하나를 변경하는 때에는 별개의 독립한 소를 제기함과 다르지 않다. 권리구속의 효력으로 소를 변경하는 것을 불허한다는 것은 소의 원인 및 신청을 변

更치못홈을謂홈이나絕對的으로不許홈이아니니原因을變更
홈에對ᄒᆞ야第一審에繫屬ᄒᆞᆫ事項及公益에無關ᄒᆞᆫ事項은被告
承諾이有ᄒᆞᆫ時에限ᄒᆞ야變更홈을得ᄒᆞ며申提를變更홈은法律
에特許ᄒᆞᆫ境遇가아니면不能ᄒᆞᆫ지라譬컨ᄃᆡ日本民事訴訟法第
一九五條第三號에原告ᄂᆞᆫ訴의原因을變更ᄒᆞᄂᆞᆫ權이無홈但變更ᄒᆞᆫ
訴에對ᄒᆞ야本案口頭辯論前에被告가異議를述치아니ᄒᆞᆫ時ᄂᆞᆫ此限에
不在홈又其一九六條에原告가訴의原因을變更치아니ᄒᆞ고左
의諸件을行ᄒᆞᆫ時ᄂᆞᆫ被告ᄂᆞᆫ異議를述홈을不得홈이라ᄒᆞ얏스니
(一)事實上及法律上의陳述을補充ᄒᆞ며又ᄂᆞᆫ更正ᄒᆞᄂᆞᆫ事(二)本案
又ᄂᆞᆫ附帶請求에對ᄒᆞ야訴의申提를擴張又ᄂᆞᆫ減縮ᄒᆞᄂᆞᆫ事(三)最

경하지 못함을 말하지만 절대적으로 불허하는 것은 아니다. 원인을 변경함에 있어서는 제1심에 계속한 사항 및 공익에 무관한 사항은 피고의 승낙이 있는 때에 한하여 변경할 수 있으며, 신청을 변경하는 것은 법률이 특별히 허가한 경우가 아니면 불가능하다. 예컨대 일본 민사소송법 제195조 제3호에 의하면 원고는 소의 원인을 변경할 권한이 없다. 다만 변경한 소에 대하여 본안 구두변론 전에 피고가 이의를 하지 않은 때에는 이러한 제한은 존재하지 않는다. 또한 위 제195조는 원고가 소의 원인을 변경하지 아니하고 아래의 여러 행위를 하는 때에는 피고는 이의를 할 수 없다고 하였다. (1) 사실상 및 법률상의 진술을 보충하거나 또는 경정하는 것, (2) 본안 또는 부대청구에 대하여 소의 신청을 확장 또는 감축하는 것, (3) 최

初에請求ᄒᆞᆫ物이滅盡又는變更ᄒᆞᆷ을因ᄒᆞ야賠償을求ᄒᆞ는事等이是라如斯히訴의變更은特別ᄒᆞᆫ境遇가아니면原告는自意로行得지못ᄒᆞ는바ㅣ라

第三、權利拘束의消滅　訴訟物의權利拘束이消滅ᄒᆞ는時期는訴訟이完結ᄒᆞ는境遇가是라然而訴訟의完結은確定의終局判決及其他原因을依ᄒᆞ야完結ᄒᆞᆷ의有ᄒᆞ나以下逐次論述코져ᄒᆞ노라

一、本案의終局判決이確定ᄒᆞᆫ時　訴訟中에中間判決의宣示가有ᄒᆞ되아즉權利拘束終了의効力이不生ᄒᆞᆷ으로本案의終局判決이有ᄒᆞ며且確定ᄒᆞᆷ을依ᄒᆞ야權利拘束이終了ᄒᆞ나然이나彼管轄違의判決을依ᄒᆞ야他裁判所에移屬될時는終局判決이確

초에 청구한 목적물이 없어지거나 변경됨으로 인하여 배상을 구하는 것 등이다. 이와 같이 소의 변경은 특별한 경우가 아니면 원고는 자의로 이를 행할 수 없다.

III. 권리구속의 소멸

소송물의 권리구속이 소멸하는 시기는 소송이 완결되는 때이다. 소송의 완결은 확정된 종국판결 및 기타 원인에 의해 완결되므로 이하 차례대로 논술하고자 한다.

① 본안의 종국판결이 확정된 때

소송 중에 중간판결의 선고가 있어도 권리구속 종료의 효력이 생기지 않으며, 본안의 종국판결이 있으며 또한 확정됨에 의하여 권리구속이 종료한다. 그러나 그 관할 위반의 판결에 의하여 다른 재판소로 옮겨간 때는 종국판결이 확

定홈을不拘ᄒᆞ고權利拘束이繼續ᄒᆞᄂᆞᆫ바ㅣ며控訴審及上告審에在ᄒᆞ야事件을原裁判所又ᄂᆞᆫ此와同等되ᄂᆞᆫ裁判所에還送或移送ᄒᆞᆫ時ᄂᆞᆫ仍ᄒᆞᆫ權利拘束이繼續ᄒᆞᄂᆞᆫ바ㅣ라

二、訴及上訴를取下ᄒᆞᆫ時 訴의取下ᄂᆞᆫ訴를提起ᄒᆞᆫ바裁判上의請求權을拋棄ᄒᆞᄂᆞᆫ意思表示ㅣ니私法上請求權을拋棄홈과不同홈으로一定ᄒᆞᆫ條件及方式을要홈은勿論이며上訴의取下ᄂᆞᆫ上訴權을拋棄ᄒᆞᄂᆞᆫ바ㅣ니仍ᄒᆞᆫ權利拘束이終了ᄒᆞ나但上訴의取下ᄂᆞᆫ訴의取下와其趣不同ᄒᆞ야一次拋棄ᄒᆞᆫ時ᄂᆞᆫ更히行使홈을不得ᄒᆞᄂᆞᆫ바ㅣ라

三、裁判上의和解가有ᄒᆞᆫ時 和解ᄂᆞᆫ當事者兩方이互相讓步ᄒᆞ

정됨에도 불구하고 권리구속이 계속되며 항소심 및 상고심에 있어서 사건을 원재판소 또는 이와 동등한 재판소에 환송 또는 이송하는 때에도 또한 권리구속이 계속되게 된다.

② 소 또는 상소를 취하한 때

소의 취하는 소를 제기하였던 재판상의 청구권을 포기하는 의사표시이므로 사법상 청구권을 포기하는 것과는 다른 것으로 일정한 조건 및 방식을 요함은 물론이며, 상소의 취하는 상소권을 포기하는 것이므로 또한 권리구속이 종료한다. 다만 상소의 취하는 소의 취하와 그 취지가 같지 않아 한번 포기한 때에는 다시 행사할 수 없다.

③ 재판상의 화해가 있는 때

화해는 당사자 쌍방이 상호 양보하

야爭議ᄅᆞᆯ解決ᄒᆞᄂᆞᆫ契約이니裁判上和解ᄂᆞᆫ訴訟提起後口頭辯論에在ᄒᆞ야訴訟의終了ᄅᆞᆯ目的ᄒᆞᄂᆞᆫ契約이라然而當事者ᄂᆞᆫ訴訟提起後口頭辯論의終了ᄒᆞ기ᄭᆞ지何時던지和解ᄅᆞᆯ行ᄒᆞ며且受訴裁判所도訴訟이如何ᄒᆞᆫ程度에在ᄒᆞᆷ을不問ᄒᆞ고和解ᄅᆞᆯ勸諭ᄒᆞ며又受命判事、受託判事로ᄒᆞ야곰和解ᄅᆞᆯ勸諭케ᄒᆞᄂᆞᆫ바ㅣ니和解가適法히成立ᄒᆞᆫ時ᄂᆞᆫ裁判所ᄂᆞᆫ其請求에對ᄒᆞ야更히審理裁判ᄒᆞᆷ을不得ᄒᆞ며當事者ᄂᆞᆫ其趣旨에拘束되야不服ᄒᆞᆷ을不得ᄒᆞᆷ으로和解調書ᄂᆞᆫ強制執行의債務名義ᄅᆞᆯ成ᄒᆞᄂᆞᆫ바ㅣ라

四、期間을懈怠ᄒᆞᆫ時 主ᄒᆞᆫ請求와附帶ᄒᆞᆫ請求及又或訴訟費用擔

여 쟁의를 해결하는 계약이므로, 재판상 화해는 소송 제기 후 구두변론에 있어서 소송의 종료를 목적으로 하는 계약이다. 나아가 당사자는 소송 제기 후 구두 변론이 종료하기까지 어느 때라도 화해를 할 수 있으며 또한 수소재판소도 소송이 어떠한 정도에 있는지 불문하고 화해를 권유하며 또한 수명판사,* 수탁판사로 하여금 화해를 권유하도록 하고 있다. 화해가 적법하게 성립하는 때에는 재판소는 그 청구에 대하여 다시 심리 재판할 수 없으며, 당사자는 그 취지에 구속되어 불복할 수 없으므로 화해조서는 강제집행의 채무명의가 된다.

④ 기간을 해태한 때

주청구와 부대청구 또는 소송비용부담

* 현행 우리 민사소송법에서는 이를 "수명법관"이라 한다.

에對ᄒᆞ야裁判이脫漏ᄒᆞᆫ時ᄂᆞᆫ當事者ᄂᆞᆫ其宣示가有ᄒᆞᆫ時又ᄂᆞᆫ判決送達이有ᄒᆞᆫ日로브터起算ᄒᆞ야追加裁判의申提를行ᄒᆞᆯ지니若其期間을懈怠ᄒᆞᆫ時ᄂᆞᆫ脫漏ᄒᆞᆫ訴訟物은當然히權利拘束이觧除되며督促節次에在ᄒᆞ야支撥命令에對ᄒᆞᆫ異議의訴가有ᄒᆞᆫ時에其請求가地方裁判所管轄에屬ᄒᆞᆫ時ᄂᆞᆫ債權者ᄂᆞᆫ法定期間內에管轄地方裁判所에訴訟을提起ᄒᆞ야保護를請求ᄒᆞᆯ지니若此期間을懈怠ᄒᆞᆫ時ᄂᆞᆫ亦ᄒᆞᆫ權利拘束이觧除되ᄂᆞᆫ바ㅣ라

五、原告가請求를抛棄ᄒᆞ며被告가原告의請求를認諾ᄒᆞ야調書에此를明確히記載ᄒᆞᆫ時 原告의抛棄와被告의認諾이有ᄒᆞᆫ時에相對者가其抛棄又ᄂᆞᆫ認諾에基因ᄒᆞᆫ判決을請求ᄒᆞᄂᆞᆫ申提

에 대하여 재판이 탈루*된 때는 당사자는 그 선고가 있는 때 또는 판결송달이 있는 날로부터 기산하여 추가재판의 신청을 하게 된다. 만약 그 기간을 해태한 때는 탈루한 소송물은 당연히 권리구속이 해제되며, 독촉절차에 있어서 지발명령에 대한 이의의 소가 있는 때에 그 청구가 지방재판소 관할에 속하는 때는 채권자는 법정기간 내에 관할 지방재판소에 소송을 제기하여 보호를 청구하게 되는데 이 기간을 해태한 때에도 또한 권리구속이 해제되게 된다.

⑤ 원고가 청구를 포기하거나 피고가 원고의 청구를 인낙하여 조서에 이를 명확히 기재한 때

원고의 포기와 피고의 인낙이 있는 때에 상대자가 그 포기 또는 인낙에 기인하는 판결을 청구하는 신청

* 2002년 우리 민사소송법의 개정을 통해 "재판의 탈루"라는 용어는 "재판의 누락"으로 바뀌었다(민사소송법 제212조 참조).

로不行흔時는裁判所는職權으로干涉흠이無ᄒ며但其旨를調書에記載흘뿐이니從ᄒ야權利拘束이佐흔消滅ᄒ는바ㅣ라

第五款 訴의併合

原告의請求가數個가有흔境遇에法律에定흔바要件이具備흔時는訴를併合흠을得ᄒ며訴의併合은裁判所가命ᄒ는併合과當事者가行ᄒ는併合이有ᄒ니裁判所가併合을命흠에는日本民事訴訟法第一二○條規定을從흔지며當事者가併合ᄒ는境遇에原告가行흔時는訴를提起흔時에數個請求를一個訴로併合ᄒ며被告가行흔時는反訴를主張ᄒ는바오且訴의併合은客觀的及主觀的의二種이有ᄒ니主觀的訴의併合은當事者의數人이有흔境遇即共同訴訟境遇

을 하지 않는 때는 재판소는 직권으로 간섭하지 아니하고 단지 그 취지를 조서에 기재할 뿐이므로 권리구속이 또한 소멸하게 된다.

제5관 소의 병합

원고의 청구가 수 개가 있는 경우에 법률이 정하고 있는 요건을 구비하는 때는 소를 병합할 수 있으며, 소의 병합은 재판소가 명하는 병합과 당사자가 행하는 병합이 있다. 재판소가 병합을 명함에는 일본 민사소송법 제120조 규정을 따르며, 당사자가 병합하는 경우로서 원고가 행할 때는 소를 제기하는 때에 수 개의 청구를 1개의 소로 병합하며, 피고가 행할 때는 반소를 주장하는 경우이다. 또한 소의 병합은 객관적 및 주관적인 것 2개의 종류가 있는데, 주관적 소의 병합은 당사자가 여러 명이 있는 경우, 즉 공동소송의 경우에成立ᄒᆞᄂᆞᆫ바ㅣ니旣히摠則의講義가有ᄒᆞᆷ으로玆에在ᄒᆞ야ᄂᆞᆫ但客觀的訴의併合即數個請求의併合과及訴에對ᄒᆞ야略論코져ᄒᆞ노라

第一、客觀的訴의併合　客觀的訴의併合은原告가訴를提起ᄒᆞᆯ時에數個訴訟物을併合ᄒᆞᆷ을謂ᄒᆞᆷ이니故로客觀的訴의併合은訴訟物이二個以上이有ᄒᆞᆷ을要ᄒᆞ며又同一原告로브터同一被告에對ᄒᆞᆷ을要ᄒᆞᄂᆞ니

一、同一原告로브터同一被告에對ᄒᆞ야行ᄒᆞᆷ을要ᄒᆞᆷ

二、併合ᄒᆞᆫ各訴訟物에對ᄒᆞ야受訴裁判所가管轄權을有ᄒᆞᆷ을要ᄒᆞᆷ

三、併合ᄒᆞᆫ各訴訟物에對ᄒᆞ야訴訟節次가同一ᄒᆞᆫ事됨을要ᄒᆞᆷ

에 성립하는데, 이미 총칙의 강의가 있으므로 이곳에서는 객관적 소의 병합, 즉 여러 개 청구의 병합과 반소에 대해서만 약술하고자 한다.

I. 객관적 소의 병합

객관적 소의 병합은 원고가 소를 제기할 때에 수 개의 소송물을 병합하는 것을 말한다. 따라서 객관적 소의 병합은 소송물이 2개 이상 있을 것을 요하며 또한 동일 원고로부터 동일 피고에 대할 것을 요한다.

① 동일 원고로부터 동일 피고에 대하여 행할 것을 요함.
② 병합한 각 소송물에 대하여 수소재판소가 관할권을 가질 것을 요함.
③ 병합한 각 소송물에 대하여 소송절차가 동일할 것을 요함.

以上條件이具備ᄒᆞᆫ時ᄂᆞᆫ客觀的併合訴訟이成立ᄒᆞᄂᆞ니第一審及第二審을不問ᄒᆞ고裁判所가辯論을分離치아니ᄒᆞᆫ時ᄂᆞᆫ訴訟이単一히進行ᄒᆞᆯ지나然이나訴의併合이適法치아니ᄒᆞᆫ時ᄂᆞᆫ左와如히處理ᄒᆞᄂᆞ니

一、併合ᄒᆞᆫ訴訟物一個或數個에對ᄒᆞ야受訴裁判所가管轄權을不有ᄒᆞᆫ時에管轄權이無ᄒᆞᆫ請求에對ᄒᆞ야合意管轄을不許ᄒᆞᆫ事項은此를却下ᄒᆞ고管轄權이有ᄒᆞᆫ事項에對ᄒᆞ야辯論을進行케ᄒᆞ며

二、併合ᄒᆞᆫ訴訟物에對ᄒᆞ야同一節次를不許ᄒᆞᆫ時ᄂᆞᆫ伍ᄒᆞᆫ辯論을分離ᄒᆞ야適法ᄒᆞᆫ訴訟物에對ᄒᆞ야ᄂᆞᆫ辯論을進行케ᄒᆞ고不適法

이상의 조건이 구비된 때는 객관적 병합소송이 성립하므로 제1심 및 제2심을 불문하고 재판소가 변론을 분리하지 아니하는 때에는 소송을 하나로 진행하게 된다. 그러나 소의 병합이 적법하지 아니한 때에는 아래와 같이 처리한다.

① 병합한 소송물의 1개 또는 수 개에 대하여 수소재판소가 관할권을 가지지 않는 경우에는 관할권이 없는 청구에 대하여 합의관할을 불허한 사항은 이를 각하하고, 관할권이 있는 사항에 대하여는 변론을 진행하게 하며,

② 병합한 소송물에 대하여 동일 절차를 불허하는 때에는 또한 변론을 분리하여 적법한 소송물에 대하여는 변론을 진행하게 하고 부적법

ᄒᆞᆫ請求ᄂᆞᆫ却下ᄒᆞ며

三、各訴訟物에對ᄒᆞ야原告가取ᄒᆞᆫ바訴訟節次ᄅᆞᆯ不許ᄒᆞᆫ時ᄂᆞᆫ全部ᄅᆞᆯ却下ᄒᆞᄂᆞᆫ바ㅣ라

第二、反訴　反訴ᄂᆞᆫ一個訴訟의權利가拘束ᄒᆞᆫ中에被告로브터原告에對ᄒᆞ야反對의請求ᄅᆞᆯ同一裁判所에同一節次로提起ᄒᆞᄂᆞᆫ訴라是以로反訴ᄂᆞᆫ一個獨立의訴訟이나本訴와併合ᄒᆞ야審理裁判ᄒᆞᆯ必要가有ᄒᆞᆷ으로特히本訴管轄裁判所에提出케ᄒᆞᆫ바ㅣ니是ᄂᆞᆫ同一當事者間의爭議ᄅᆞᆯ同時에審理ᄒᆞᄂᆞᆫ便益이有ᄒᆞᆫ所以라反訴ᄂᆞᆫ獨立의訴됨으로特別ᄒᆞᆫ規定이無ᄒᆞᆫ以限은本訴에關ᄒᆞᆫ訴訟節次ᄅᆞᆯ適用ᄒᆞᆯ지나本訴의訴訟節次ᄅᆞᆯ利用케ᄒᆞᆫ目的에出ᄒᆞᆷ으로

한 청구는 각하하며,

③ 각 소송물에 대하여 원고가 취한 소송절차를 불허하는 때에는 전부를 각하하여야 한다.

II. 반소

반소는 1개의 소송의 권리가 구속[*]한 동안에 피고로부터 원고에 대하여 반대의 청구를 동일 재판소에 동일 절차로 제기하는 소이다. 반소는 하나의 독립된 소송이나 본소와 병합하여 심리, 재판할 필요가 있으므로 특히 본소 관할 재판소에 제출하도록 하는데, 이는 동일 당사자 간의 쟁의를 동시에 심리하는 편익이 있기 때문이다. 반소는 독립의 소가 되므로 특별한 규정이 없는 한 본소에 관한 소송절차를 적용하여야 하는데, 본소의 소송절차를 이용하게 할 목적으로 제기되므로

* 앞에서 살펴본 바와 같이 이 교과서가 사용되었던 1905년 당시에는 소장이 피고에게 송달되면 '권리구속이 발생'한다고 하였으므로 이와 같이 표현한 것으로 보인다. 현재 우리 민사소송법에서는 '소송계속'이라는 용어를 사용하고 있다(민사소송법 제62조 제2항 참조).

左의諸件이具備홈을要ᄒᆞᄂᆞ니

一、本訴가第一審裁判所에在ᄒᆞ야權利拘束中됨을要ᄒᆞ며

二、本訴의訴訟節次가通常訴訟節次됨을要ᄒᆞ며

三、本訴의被告로브터提起홈을要ᄒᆞ며

四、財産權上의請求가아닌訴訟物又ᄂᆞᆫ專屬管轄의規定이有ᄒᆞᆫ訴訟物에對ᄒᆞ야ᄂᆞᆫ本訴로提起ᄒᆞᆫ時에尙且管轄權이有ᄒᆞᆫ裁判所에提起홈을要ᄒᆞ며

五、本訴의訴訟物에反訴의訴訟物은互相牽連됨을要홈

以上條件이具備ᄒᆞᆫ時ᄂᆞᆫ反訴가成立ᄒᆞ나更히一定ᄒᆞᆫ形式及時期를遵守ᄒᆞᆯ지니凡反訴ᄂᆞᆫ本訴의答辯書或特別書面으로써答辯書

아래의 여러 조건을 구비할 것이 요구된다.

① 본소가 제1심 재판소에서 권리구속 중일 것을 요하며,
② 본소의 소송절차가 통상 소송절차일 것을 요하며,
③ 본소의 피고로부터 제기될 것을 요하며,
④ 재산권상의 청구가 아닌 소송물 또는 전속관할의 규정이 있는 소송물에 대하여는 본소로 제기하는 때에도 또한 관할권이 있는 재판소에 제기할 것을 요하며,
⑤ 본소의 소송물에 반소의 소송물이 상호 견련될 것을 요함.

이상의 조건을 구비하는 때에는 반소가 성립하지만 다시금 일정한 형식 및 시기를 준수해야 한다. 일반적으로 반소는 본소의 답변서 또는 특별서면으로서 답변서

提出期間内에提出ᄒᆞ야原告의게送達ᄒᆞ야又口頭로써提起ᄒᆞᆫ時ᄂᆞᆫ裁判所書記가調書를作成ᄒᆞᆫ時에權利拘束이發生ᄒᆞᄂᆞ니如斯히反訴ᄂᆞᆫ本訴의權利拘束中에提起ᄒᆞᆷ을要ᄒᆞ나然이나權利拘束中은何時던지提起ᄒᆞᆷ을不得ᄒᆞ며但先決的確定의訴를提起ᄒᆞᆫ時에限ᄒᆞ야本訴의辯論이終結ᄒᆞ기ᄭᆞ지口頭로提出ᄒᆞᆷ을得ᄒᆞᄂᆞᆫ바ㅣ라

第二節 答辯

答辯은原告의訴訟成立條件又ᄂᆞᆫ本案訴訟物에對ᄒᆞ야被告가行ᄒᆞᄂᆞᆫ바認否의陳述即裁判所에對ᄒᆞ야訴訟材料를提供ᄒᆞᄂᆞᆫ行為라然而被告가答辯을行ᄒᆞᄂᆞᆫ與否ᄂᆞᆫ權利或義務됨에對ᄒᆞ야學說이岐異

제출 기간 내에 제출하여 원고에게 송달하거나 또는 구두로 제출하는 때에는 재판소 서기가 조서를 작성하는 때에 권리구속이 발생한다. 이와 같이 반소는 본소의 권리구속 중에 제기할 것을 요한다. 그러나 권리구속 중이라고 하더라도 언제든지 제기할 수 있는 것은 아니며, 단지 선결적 확정의 소를 제기하는 경우에 한하여 본소의 변론이 종결하기까지 구두로 제출하는 것이 가능하다.

제2절 답변

답변은 원고의 소송성립 조건 또는 본안 소송물에 대하여 피고가 행하는 인부의 진술, 즉 재판소에 대하여 소송재료를 제공하는 행위이다. 피고가 답변을 해야 하는지 여부가 권리인지 또는 의무인지에 대하여 학설이 나뉘어

ᄒᆞ나日本現行法의解釋으로ᄂᆞᆫ訴訟法上責任이라云홈이可ᄒᆞ며且

答辯은口頭辯論에在ᄒᆞ야行홈이原則이나辯論을準備ᄒᆞ기爲ᄒᆞ야訴狀送達日로브터十四日의期間內에答辯事項을記載ᄒᆞᆫ書面即答辯書를裁判所에提出ᄒᆞ며此를原告의게送達ᄒᆞᄂᆞᆫ바ㅣ나然이나答辯書ᄂᆞᆫ準備書面에不過홈으로此를提出치아니ᄒᆞ야도訴訟上失權의效果ᄂᆞᆫ無ᄒᆞᆫ바ㅣ라

答辯은原告訴에對ᄒᆞ야形式上及實質上으로應辯ᄒᆞᄂᆞᆫ行爲니從ᄒᆞ야答辯은形式上及實質上의二種이有홈을可知ᄒᆞᆯ바ㅣ라

第一、形式上의答辯　形式上答辯은訴를提起홈에必要ᄒᆞᆫ訴訟條件이欠缺ᄒᆞᆫ境遇又ᄂᆞᆫ法律이本案請求如何를不拘ᄒᆞ고本案應訴

지는데, 일본 현행법의 해석으로는 소송법상 책임이라고 말할 수 있으며 또한 답변은 구두변론에서 행하는 것이 원칙이다. 변론을 준비하기 위하여 소장 송달일로부터 14일의 기간 내에 답변사항을 기재한 서면, 즉 답변서를 재판소에 제출하며 이를 원고에게 송달하여야 한다. 그러나 답변서는 준비서면에 불과하므로 이를 제출하지 아니하여도 소송상 실권의 효과는 없는 것이다.

답변은 원고의 소에 대하여 형식상 및 실질상으로 응변하는 행위이므로 답변은 형식상 및 실질상의 두 종류가 있음을 알 수 있다.

I. 형식상의 답변

형식상 답변은 소를 제기하는 데 필요한 소송조건이 흠결된 경우 또는 법률이 본안청구의 여하를 불구하고 본안응소를拒絶홈을許ᄒᆞᆫ事項에該當ᄒᆞᆫ境遇에提出ᄒᆞᄂᆞᆫ答辯이니此를妨訴抗辯이라云ᄒᆞ며妨訴抗辯은總히法律에許ᄒᆞᆫ境遇에限ᄒᆞ야行得ᄒᆞᄂᆞ니譬컨ᄃᆡ日本民事訴訟法第二ㅇ六條에列記ᄒᆞᆫ바無訴權의抗辯、裁判所管轄違의抗辯、權利拘束의抗辯、訴訟能力의欠缺又ᄂᆞᆫ法律上代理欠缺의抗辯、訴訟費用保證欠缺의抗辯、前訴訟費用未辨償의抗辯、延期의抗辯等은勿論ᄒᆞ고口頭辯論開始後에在ᄒᆞ야도被告가妨訴의抗辯을拋棄ᄒᆞᄃᆡ法律上에其効가無ᄒᆞᆫ時又ᄂᆞᆫ過失이無ᄒᆞ고辯論開始前에抗辯을主張치못ᄒᆞᆫ事를證明ᄒᆞᆫ時ᄂᆞᆫ低ᄒᆞᆫ抗辯을提出홈을得ᄒᆞ며但區裁判所訴訟節次에在ᄒᆞ야ᄂᆞᆫ例外로抗辯의種類를制限홈이有ᄒᆞᄂᆞ니是ᄂᆞᆫ日本

를 거절하는 것을 허용하는 사항에 해당하는 경우에 제출하는 답변이다. 이를 방소항변이라 말하며 방소항변은 언제나 법률이 허용하는 경우에 한하여 제출할 수 있다. 예컨대 일본 민사소송법 제206조에서 열기하고 있는 무소권의 항변, 재판소 관할 위반의 항변, 권리구속의 항변, 소송능력의 흠결 또는 법률상 대리 흠결의 항변, 소송비용 보증 흠결의 항변, 전 소송비용 미변상의 항변, 연기의 항변 등은 물론이고, 구두변론 개시 후에 있어서도 피고가 방소의 항변을 포기하여도 법률상 그 효력이 없는 때 또는 과실 없이 변론개시 전에 항변을 주장하지 못한 것을 증명한 때에도 또한 항변을 제출할 수 있다. 다만 구재판소 소송절차에 있어서는 예외적으로 항변의 종류를 제한하고 있다. 이는 일본

民事訴訟法第三七九條에明示ᄒᆞᆫ바ㅣ라

第二、本案의答辯 本案의答辯은實體上原告請求에對ᄒᆞᆫ認否의答辯을謂ᄒᆞᆷ이니被告가原告의主張을認諾ᄒᆞᆯ時ᄂᆞᆫ原告ᄂᆞᆫ認諾에基因ᄒᆞᄂᆞᆫ判決을請求ᄒᆞ거나又訴訟關係가解除ᄒᆞᆯ지나若被告가原告의主張을否認ᄒᆞᆯ時ᄂᆞᆫ裁判所ᄂᆞᆫ原告請求의當否를調査치아니치못ᄒᆞᆯ지며且被告의爭議ᄂᆞᆫ單純히原告의主張을否認ᄒᆞ거나或은此에對抗ᄒᆞᆯ新事件을主張ᄒᆞᆷ이有ᄒᆞᄂᆞ니以下逐次論述코져ᄒᆞ노라

一、原告의申提에對ᄒᆞᄂᆞᆫ認否의答辯 被告ᄂᆞᆫ原告의請求ᄒᆞᆫ바一旦ᄒᆞᆫ申提에對ᄒᆞ야認否의陳述을行치아니치못ᄒᆞᆯ지니全事

민사소송법 제379조에서 명시하고 있다.

II. 본안의 답변

본안의 답변은 실체상 원고의 청구에 대한 인부의 답변을 말한다. 피고가 원고의 주장을 인낙하는 때에는 원고는 인낙에 기인하는 판결을 청구하고 소송관계가 해제된다. 만약 피고가 원고의 주장을 부인하는 때에는 재판소는 원고의 청구의 당부를 조사하지 않으면 안된다. 또한 피고의 쟁의는 단순히 원고의 주장을 부인하거나 혹은 이에 대항하는 새로운 사건을 주장함에 있으니, 이하에서 차례대로 논술하고자 한다.

① 원고의 신청에 대한 인부의 답변

피고는 원고가 청구한 일정한 신청에 대하여 인부의 진술을 하지 않으면 안 된다. 인사

訴訟과如ᄒᆞᆷ은被告의認諾을不許ᄒᆞ나其他境遇에在ᄒᆞ야被告의認諾이有ᄒᆞᆫ時ᄂᆞᆫ辯論을行ᄒᆞᆯ必要가無ᄒᆞᆷ으로裁判所ᄂᆞᆫ原告請求를俟ᄒᆞ야被告의敗訴判決로下ᄒᆞᆯ뿐이라

二、訴의原因된事實에對ᄒᆞᄂᆞᆫ答辯　原告의請求를反抗ᄒᆞᄂᆞᆫ被告ᄂᆞᆫ原告가訴의原因으로主張ᄒᆞᆫ바事實에對ᄒᆞ야認否의答辯을行ᄒᆞᆯ지니若被告의認諾이有ᄒᆞ되其認諾이事實上自白에止ᄒᆞᆯ時ᄂᆞᆫ自白이有ᄒᆞᆷ을不拘ᄒᆞ고原告의請求ᄂᆞᆫ排斥됨이有ᄒᆞ바ㅣ며且被告가訴의原因된事實을否認ᄒᆞᆷ에對ᄒᆞ야其事實의存在치아니ᄒᆞᆷ을主張ᄒᆞᆷ과共히此에反對되ᄂᆞᆫ新事實을提出ᄒᆞᆷ을得ᄒᆞ나然이나其事實을否認ᄒᆞᆯ際에自己의行爲又ᄂᆞᆫ自

소송과 같은 경우에는 피고의 인낙을 불허하지만 기타의 경우에 있어서 피고의 인낙이 있는 경우에는 변론을 할 필요가 없으므로 재판소는 원고의 청구를 기다려 피고 패소의 판결을 내려야 한다.

② 소의 원인이 된 사실에 대한 답변

원고의 청구를 다투는 피고는 원고가 소의 원인으로 주장하는 사실에 대하여 인부의 답변을 하여야 한다. 만약 피고의 인낙이 있지만 그 인낙이 사실상 자백에 그치는 때에는 자백이 있음에도 불구하고 원고의 청구는 배척될 수 있으며, 또한 피고가 소의 원인이 된 사실을 부인함에 대하여 그 사실이 존재하지 아니함을 주장함과 동시에 그에 반대되는 새로운 사실을 제출할 수 있다. 그러나 그 사실을 부인할 때에 자기의 행위 또는 자

己가實見치아니ᄒᆞᆫ事項에對ᄒᆞ야ᄂᆞᆫ單히不知라云ᄒᆞᄂᆞᆫ言辭로써主張ᄒᆞ되滿足ᄒᆞᆯ지나此와反ᄒᆞᆯ時ᄂᆞᆫ其事實有無를明言치아니치못ᄒᆞᆯ지니是以로原告의主張ᄒᆞᆫ事實에對ᄒᆞ야辯論으로써爭ᄒᆞ거나爭ᄒᆞᆯ意思가有ᄒᆞᆷ으로認ᄒᆞ기不能ᄒᆞᆫ時ᄂᆞᆫ其事實을自白ᄒᆞᆷ으로看做ᄒᆞᄂᆞᆫ바ㅣ라

三、證據에對ᄒᆞᄂᆞᆫ答辯 被告ᄂᆞᆫ原告가提出ᄒᆞᆫ證據에對ᄒᆞ야普通으로左와如히答辯ᄒᆞᄂᆞ니

甲、原告證據方法에對ᄒᆞᆫ認否의陳述

乙、原告證據方法에對ᄒᆞᄂᆞᆫ抗辯即其證據方法에適否及證據力의程度等에對ᄒᆞ야行ᄒᆞᄂᆞᆫ答辯

기가 실제 보지 아니한 사항에 대하여는 단순히 부지(알지 못한다)라고 주장하는 것으로 충분하지만, 그러하지 않은 경우에는 그 사실 유무를 명확히 말하지 않으면 안 된다. 그러므로 원고가 주장한 사실에 대하여 변론으로써 다투거나 다툴 의사가 있는 것으로 인정할 수 없는 때에는 그 사실을 자백하는 것으로 간주할 수 있다.

③ 증거에 대한 답변

피고는 원고가 제출한 증거에 대하여 보통 아래와 같이 답변한다.

甲. 원고 증거방법에 대한 인부의 진술

乙. 원고 증거방법에 대한 항변, 즉 그 증거방법의 적부 및 증거력의 정도 등에 대하여 행하는 답변

四、被告ᄂᆞᆫ單히原告陳述에對ᄒᆞ야荅辯ᄒᆞᄂᆞᆫ外에更히新事實을主張ᄒᆞ야抗辯ᄒᆞᆷ을得ᄒᆞᆷ 譬컨ᄃᆡ一事不再理의抗辯、債務의消滅、權利의喪失의抗辯又ᄂᆞᆫ原告의主張事實을承認ᄒᆞ되法律上에理由가無ᄒᆞᆷ을抗辯ᄒᆞᄂᆞᆫ等이니如斯히被告가新事實又ᄂᆞᆫ此에對ᄒᆞᄂᆞᆫ證據方法을提出ᄒᆞᆯ時ᄂᆞᆫ原告도亦ᄒᆞᆫ此에對ᄒᆞᄂᆞᆫ陳述을行ᄒᆞᄂᆞᆫ바ㅣ라

被告가實體上으로荅辯ᄒᆞᄂᆞᆫ順序ᄂᆞᆫ上述ᄒᆞᆷ과如ᄒᆞ나然이나實際에在ᄒᆞ야ᄂᆞᆫ此等事實上陳述에不止ᄒᆞ고法律上陳述에亘涉ᄒᆞᆷ이有ᄒᆞᄂᆞ니盖被告의法律上陳述은禁止ᄒᆞᆷ이아니로되被告의陳述을要치아니ᄒᆞ며但地方의慣習法又ᄂᆞᆫ商慣習과其他外國法과如

④ 피고가 단순히 원고의 진술에 대하여 답변하는 외에 다시 새로운 사실을 주장하여 항변하는 것이 가능함. 예컨대 일사부재리의 항변, 채무의 소멸, 권리의 상실의 항변 또는 원고의 주장사실을 승인하되 법률상의 이유가 없음을 항변하는 등이다. 이와 같이 피고가 새로운 사실 또는 이에 대한 증거방법을 제출하는 때에는 원고도 또한 이에 대해 진술할 수 있다.

피고가 실체상으로 답변하는 순서는 위에서 서술한 바와 같으나, 실제에 있어서는 이들 사실상 진술에 그치지 아니하고 법률상 진술을 하는 경우도 있다. 일반적으로 피고의 법률상 진술은 금지되지 아니하지만 피고의 진술을 요하지 아니한다. 다만 지방의 관습법 또는 상관습과 기타 외국법과 같은

ᄒᆞᆷ은此를主張ᄒᆞᄂᆞᆫ當事者의게證明ᄒᆞᄂᆞᆫ責이有ᄒᆞ며且當事者의證明을不待ᄒᆞ고裁判官의職權으로調査ᄒᆞᄂᆞᆫ바ㅣ라

第三節 準備書面의交換

民事訴訟法은口頭辯論主義로原則을作ᄒᆞᆷ으로準備의書面을不要ᄒᆞᆫ지나訴訟의進行을迅速且便利케ᄒᆞ기爲ᄒᆞ야當事者가口頭辯論에在ᄒᆞ야主張코져ᄒᆞᄂᆞᆫ申提其他事實上關係、證據方法、圖面等一切辯論의材料될事項을書面으로提出ᄒᆞ야互相交換ᄒᆞᄂᆞᆫ바ㅣ나元來此를強制ᄒᆞᆷ이아님으로提出치아니ᄒᆞ야도失權의結果ᄂᆞᆫ無ᄒᆞ나然이나辯論의材料를準備코져ᄒᆞ야書面을提出ᄒᆞᆯ時ᄂᆞᆫ一定ᄒᆞᆫ方式을要ᄒᆞᆫ지니是ᄂᆞᆫ日本民事訴訟法第一〇五條乃至一〇七條에明

것은 이를 주장하는 당사자에게 증명해야 할 책임이 있으며 또한 당사자의 증명을 기다리지 아니하고 재판관이 직권으로 조사할 수 있다.

제3절 준비서면의 교환

민사소송법은 구두변론주의를 원칙으로 하고 있으므로 준비서면은 불필요하지만, 소송의 진행을 신속하고 편리하게 하기 위하여 당사자가 구두변론에서 주장하고자 하는 신청 기타 사실상 관계, 증거방법, 도면 등 일체의 변론의 재료가 되는 사항을 서면으로 제출하여 상호 교환하도록 하고 있다. 원래 이를 강제하는 것이 아니므로 제출하지 아니하여도 실권의 결과는 발생하지 아니하지만 변론의 재료를 준비하기 위해 서면을 제출하는 때에는 일정한 방식을 요한다. 이는 일본 민사소송법 제105조 내지 제107조에서 명

示ᄒᆞᆫ바ㅣ며且準備書面의重要ᄒᆞᆫ者ᄂᆞᆫ訴狀及答辯書에不外ᄒᆞᄂᆞ니其提出方法及送達節次에至ᄒᆞ야ᄂᆞᆫ一般原則을從ᄒᆞᆷ이可ᄒᆞᆷ으로玆에省略ᄒᆞ노라

第四節 口頭辯論

口頭辯論은判決裁判所에셔訴訟材料를蒐集ᄒᆞᄂᆞᆫ節次卽判決裁判所裁判에基本되ᄂᆞᆫ者를謂ᄒᆞᆷ이라然而口頭辯論은반다시訴訟當事者間에不止ᄒᆞ고裁判所와第三者又ᄂᆞᆫ受命判事及當事者와第三者間에在ᄒᆞ야도有ᄒᆞᆷ으로口頭辯論은廣狹의二義가有ᄒᆞ니廣義로云ᄒᆞᆯ時ᄂᆞᆫ受訴裁判所에셔行ᄒᆞᄂᆞᆫ當事者의陳述、裁判官의發問、證據書類의調査、裁判官及裁判所의證據調査節次等을幷稱ᄒᆞᆫ지니

시하고 있는 것이며 또한 준비서면으로 중요한 것은 소장 및 답변서 밖에 없으므로 그 제출방식 및 송달절차에 관해서는 일반원칙을 따라야 하므로 이곳에서 약술한다.

제4절 구두변론

구두변론은 판결재판소에서 소송재료를 수집하는 절차, 즉 판결재판소 재판에 기초가 되는 것을 말한다. 구두변론은 반드시 소송당사자 사이에 그치지 아니하고 재판소와 제3자 또는 수명판사 및 당사자와 제3자 간에 있어서도 행해지기 때문에 구두변론은 광협의 2가지 의미가 있다. 광의로 말하는 경우는 수소재판소에서 행하는 당사자 간의 진술, 재판관의 발문, 재판관의 발문은 현재 우리 민사소송법상의 석명(釋明)을 의미한다.

증거서류의 조사, 재판관 및 재판소의 증거조사 절차 등을 아울러 칭하는 것이다.

狹義로云ᄒᆞᆫ時ᄂᆞᆫ受訴裁判所에서行ᄒᆞᄂᆞᆫ當事者의陳述、書證의審査幷訴訟記錄等審査ᄒᆞᆫ節次를云ᄒᆞᆷ이니本節에論述코져ᄒᆞᄂᆞᆫ바ᄂᆞᆫ實노此狹義의口頭辯論을指稱ᄒᆞᆷ이오證據節次에對ᄒᆞ야ᄂᆞᆫ後節에說明코져ᄒᆞ노라

口頭辯論은訴訟條件에關ᄒᆞᆷ과本案에關ᄒᆞᆫ等二種이有ᄒᆞ나第二節에在ᄒᆞ야業已略述ᄒᆞᆷ으로玆에在ᄒᆞ야ᄂᆞᆫ但口頭辯論方式에關ᄒᆞ야論述코져ᄒᆞ노라

口頭辯論은豫定ᄒᆞᆫ期日에裁判長이開廷ᄒᆞ고當事者의陳述을依ᄒᆞ야開始ᄒᆞᄂᆞ니

第一、當事者ᄂᆞᆫ判決을受ᄒᆞᆯ事項의申提ᄂᆞᆫ書面에基因ᄒᆞ야行ᄒᆞᆷ을

협의로 말하는 경우는 수소재판소에서 행하는 당사자의 진술, 서증의 심사 및 소송기록 등의 심사절차를 말한다. 본 절에서 논하고자 하는 것은 실제로는 이러한 협의의 구두변론을 지칭하는 것이고 증거절차에 대해서는 다음 절에서 설명하고자 한다.

구두변론은 소송조건에 관한 것과 본안에 관한 것 등 2종류가 있으나 제2절에서 이미 약술하였으므로 이곳에서는 구두변론 방식에 관해서만 논술하고자 한다.

구두변론은 예정된 기일에 재판장이 개정하고 당사자의 진술에 의해 개시된다.

I. 당사자는 판결을 받을 사항의 신청을 서면에 기인하여 행하는 것이

要ᄒᆞᆷ 是以로書面에基因치아니ᄒᆞᆫ申提를行ᄒᆞᆫ時ᄂᆞᆫ申提가無ᄒᆞᆷ으로看做ᄒᆞᄂᆞ니是ᄂᆞᆫ日本民事訴訟法第二二二條에明示ᄒᆞᆫ바ㅣ며且玆에所謂申提ᄂᆞᆫ原告、反訴의原告、控訴人、附帶控訴人、上告人、附帯上告人等이如何ᄒᆞᆫ判決을求코져ᄒᆞᄂᆞᆫ申提其他附隨의確認訴又ᄂᆞᆫ申提의擴張等實體法上事項에對ᄒᆞ야判決을求ᄒᆞᄂᆞᆫ申提를謂ᄒᆞᆷ이오訴訟法上申提를指ᄒᆞᆷ이아니며唯假執行宣示를求ᄒᆞᄂᆞᆫ申提ᄂᆞᆫ비록訴訟法上申提나其一部의判決을受ᄒᆞᄂᆞᆫ點으로보ᄃᆡ實體法上申提와同一히看做ᄒᆞᆷ으로幷히書面에基因ᄒᆞ야行ᄒᆞᆷ을要ᄒᆞᄂᆞᆫ바ㅣ니是以로判決을求ᄒᆞᄂᆞᆫ事項以外의申提에對ᄒᆞ야ᄂᆞᆫ書面에基因ᄒᆞᄂᆞᆫ陳述을不要ᄒᆞ며且書面에依ᄒᆞ

필요함

따라서 서면에 기인하지 아니한 신청을 하는 때에는 신청이 없는 것으로 간주한다. 이는 일본 민사소송법 제222조에 명시되어 있으며, 또한 이곳에서의 소위 신청은 원고, 반소의 원고, 항소인, 부대항소인, 상고인, 부대상고인 등이 어떤 판결을 구하고자 하는 신청 기타 부수의 확인의 소 또는 신청의 확장 등 실체법상 사항에 대하여 판결을 구하는 신청을 말하며 소송법상 신청을 가리키는 것이 아니다. 다만 가집행선고를 구하는 신청은 비록 소송법상의 신청이지만 그 일부의 판결을 받는 점으로부터 실체법상 신청과 동일하게 간주하므로 함께 서면에 기인하여 행하는 것이 필요하다. 따라서 판결을 구하는 사항 이외의 신청에 대해서는 서면에 기인하는 진술은 불필요하며 또한 서면에 의하

야準備ᄒᆞᆫ與否ᄂᆞᆫ法律上에影響이無ᄒᆞ나然이나當事者陳述中
準備書面에記載치아니ᄒᆞᆫ事項特히重要ᄒᆞᆷ으로認ᄒᆞᆫ事項又ᄂᆞᆫ準
備書面에記載가有ᄒᆞ되口頭辯論의陳述趣旨와重大ᄒᆞᆫ差異가有
ᄒᆞᆫ時ᄂᆞᆫ當事者의申提又ᄂᆞᆫ職權으로써口頭辯論調書又ᄂᆞᆫ當事者
가提出ᄒᆞᆫ바辯論調書의附錄에此ᄅᆞᆯ明確히ᄒᆞᆷ을要ᄒᆞᄂᆞᆫ바ㅣ라

第二、當事者ᄂᆞᆫ自己의事實上及法律上의訴訟關係ᄅᆞᆯ包括ᄒᆞ야陳
述ᄒᆞᆷ이可ᄒᆞᆷ 是以로本案辯論은勿論이오訴訟條件에關ᄒᆞᆫ辯
論에對ᄒᆞ야도并히口頭로써陳述ᄋᆞᆯ行ᄒᆞᆯ지며但文字上의趣旨ᄅᆞᆯ
必要ᄒᆞᆫ境遇에ᄂᆞᆫ其必要部分에限ᄒᆞ야此ᄅᆞᆯ朗讀ᄒᆞᆷ을得ᄒᆞ며其他
相對者主張事實에對ᄒᆞ야ᄂᆞᆫ自己의實驗ᄒᆞᆫ事實又ᄂᆞᆫ自己行爲

여 준비하는지 여부는 법률상 영향이 없지만 당사자 진술 중 준비서면에 기재하지 아니한 사항, 특히 중요한 것으로 인정되는 사항 또는 준비서면에 기재되어 있지만 구두변론의 진술 취지와 중대한 차이가 있는 때에는 당사자의 신청 또는 직권으로 구두변론조서 또는 당사자가 제출한 변론조서의 부록에 이를 명확히 하는 것이 필요하다.

II. 당사자는 자기의 사실상 및 법률상의 소송관계를 포괄하여 진술하는 것이 가능함

따라서 본안변론은 물론이고 소송조건에 관한 변론에 대해서도 모두 구두로 진술하며, 다만 문자상의 취지를 필요로 하는 경우에는 그 필요 부분에 한하여 이를 낭독할 수 있으며, 그 외 상대자 주장 사실에 대해서는 자신이 실제 경험한 사실 또는 자기행위

가아닌境遇에限ᄒᆞ야単純이不知로써答辯ᄒᆞᆷ이滿足ᄒᆞ나此와反ᄒᆞ야何等의陳述이無ᄒᆞᆫ時ᄂᆞᆫ他의陳述로써此를爭ᄒᆞᄂᆞᆫ意思가有ᄒᆞᆷ으로認ᄒᆞ기不能ᄒᆞᆫ時에限ᄒᆞ야自白ᄒᆞᆷ으로看做ᄒᆞᄂᆞᆫ바ㅣ니然이나此自白의推定은口頭辯論終結ᄒᆞᆫ際에行ᄒᆞᆷ은勿論이오第二審에在ᄒᆞ야도第一審의自白推定을飜覆ᄒᆞᆷ을得ᄒᆞᄂᆞᆫ바ㅣ라

第三、各當事者ᄂᆞᆫ判決에接着ᄒᆞᆫ口頭辯論終結前에攻擊又ᄂᆞᆫ防禦方法을提出ᄒᆞ며證據方法又ᄂᆞᆫ抗辯等을主張ᄒᆞᆷ을得ᄒᆞᆷ 攻擊防禦의方法은廣狹의二義가有ᄒᆞ니廣義로云ᄒᆞᆫ時ᄂᆞᆫ訴又反訴로써主張ᄒᆞᆫ請求를相對者로ᄒᆞ야곰承認케ᄒᆞ기爲ᄒᆞ야提出ᄒᆞᆫ事項及此를排斥ᄒᆞ기爲ᄒᆞ야提出ᄒᆞᆫ事項을總稱ᄒᆞᆷ이니證據方法幷證據

가 아닌 경우에 한하여 단순히 부지로 답변하는 것으로 충분하다. 이에 반하여 어떠한 진술도 없는 경우에는 다른 진술로써 이를 다투는 의사가 있다고 인정하는 것이 불가능한 때에 한하여 자백하는 것으로 간주하게 된다. 그러나 이러한 자백의 추정은 구두변론 종결 시에 이루어지는 것이 당연하고, 제2심에 있어서도 제1심의 자백추정을 번복할 수 있다.

III. 각 당사자 판결에 기재되어 있는 구두변론 종결 전에 공격 또는 방어방법을 제출하며 증거방법 또는 항변 등을 주장하는 것이 가능함

공격방어의 방법은 광협의 2가지 의미가 있다. 광의로 말하는 경우는 소 또는 반소로써 주장하는 청구를 상대자로 하여금 승인하게 하기 위하여 제출하는 사항 및 이를 배척하기 위하여 제출하는 사항을 총칭하는 것이고, 증거방법 및 증거

抗辯等이皆에包含ᄒᆞᆫ바ㅣ며狭義로云ᄒᆞᆯ時ᄂᆞᆫ證據方法、證據抗
辯以外에當事者가提出ᄒᆞᆫ事項을指ᄒᆞᆫ바ㅣ니本節에論코져ᄒᆞ
ᄂᆞᆫ바ᄂᆞᆫ皆狭義의攻擊防禦方法을云ᄒᆞᆫ바ㅣ라
如斯히當事者가攻擊防禦의方法을提出ᄒᆞᆷ은비록任意에專
在ᄒᆞ나若此權利ᄅᆞᆯ不當히行使ᄒᆞᆫ時ᄂᆞᆫ訴訟을遲延케ᄒᆞ며又或
辯論이錯雜ᄒᆞᆫ憂慮가不無ᄒᆞᆷ으로法律은左의二個方法을設ᄒᆞ
ᄂᆞ니
一、數個의請求中一個又ᄂᆞᆫ一個請求中一部及獨立의攻擊防禦
方法과其他中間의爭議에對ᄒᆞ야裁判ᄒᆞᆯ必要가有ᄒᆞᆫ時ᄂᆞᆫ中間
判決로ᄡᅧ其局을結ᄒᆞ거나又ᄂᆞᆫ裁判所職權으로ᄡᅧ辯論의分離

항변 등이 이에 포함된다. 협의로 말하는 경우는 증거방법, 증거항변 이외에 당사자가 제출하는 사항을 가리키는데, 본 절에서 논하고자 하는 것은 이 협의의 공격방어 방법을 말하는 것이다.

이와 같이 당사자가 공격방어의 방법을 제출하는 것은 비록 임의에 전적으로 맡겨져 있으나, 만약 이 권리를 부당하게 행사하는 때에는 소송을 지연시키며 또한 변론이 착잡하게 될 우려가 없지 않으므로 법률은 아래의 2가지 방법을 갖추고 있다.

① 수 개의 청구 중 1개 또는 1개의 청구 중 일부 및 독립의 공격방어 방법과 기타 중간의 쟁의에 대하여 재판을 할 필요가 있는 때에는 중간판결로써 그 국면을 종결하거나 또는 재판소가 직권으로 변론의 분리

呈命ᄒᆞ며

二、當事者에對ᄒᆞᄂᆞᆫ攻擊防禦의方法은可成的同時에提出케ᄒᆞᆷ이本則이나時期를後ᄒᆞ야提出ᄒᆞᆫ防禦方法은相對者申提를因ᄒᆞ야決定으로却下ᄒᆞᄂᆞ니如斯히防禦方法却下에對ᄒᆞ야ᄂᆞᆫ左의條件이具備ᄒᆞᆷ을要ᄒᆞᄂᆞᆫ바ㅣ라

甲、防禦方法의提出이時期를後ᄒᆞᆫ事

乙、相對者의却下申提가有ᄒᆞᆫ事

丙、被告가故意又ᄂᆞᆫ重大ᄒᆞᆫ過失을因ᄒᆞ야早速히提出치못ᄒᆞᆫ바心證이有ᄒᆞᆫ事

丁、防禦方法의提出을許ᄒᆞᆯ時ᄂᆞᆫ訴訟이遲延ᄒᆞᆯ直憂慮가有ᄒᆞᆫ

를 명하며

② 당사자에 대한 공격방어의 방법은 가능한 동시에 제출하도록 하는 것이 원칙이므로 시기에 늦게 제출된 방어방법은 상대자의 신청으로 인하여 결정으로 각하된다. 이와 같은 방어 방법의 각하에 대해서는 아래의 조건이 구비되어야 한다.

甲. 방어 방법의 제출이 시기에 늦을 것

乙. 상대자의 각하 신청이 있을 것

丙. 피고의 고의 또는 중대한 과실로 인하여 조속히 제출하지 못 하였다는 것에 대한 심증이 있을 것

丁. 방어 방법의 제출을 허락하는 경우에는 소송이 지연될 우려가 있을

事

第四、裁判所는計笇事件又는財産分別及其他此와類似ᄒᆞᆫ事件에對ᄒᆞ야는口頭辯論을延期ᄒᆞ고準備郎次를命ᄒᆞᆷ을得ᄒᆞᆷ 然이나準備郎次를命ᄒᆞᆷ에는當事者雙方이本案辯論을開始ᄒᆞᆫ後됨을要ᄒᆞᄂᆞ니若妨訴抗辯이有ᄒᆞᆫ時는此를完結ᄒᆞᆫ後에命ᄒᆞ는바ㅣ라

第五、裁判所는訴訟이如何ᄒᆞᆫ程度에在ᄒᆞᆷ을不問ᄒᆞ고和解를勸誘ᄒᆞ거나又는受命、受托의判事로ᄡᅥ行케ᄒᆞᆷ을得ᄒᆞᆷ 然이나此和解를勸誘ᄒᆞᆷ에는當事者自身出頭를命ᄒᆞ는바ㅣ라

第六、裁判所는即時에行ᄒᆞᆯ證據調査에對ᄒᆞ는當事者陳述과同

것

IV. 재판소는 계산사건 또는 재산분별 및 기타 이와 유사한 사건에 대하여는 구두변론을 연기하고 준비절차를 명할 수 있음

그러나 준비절차를 명하기 위해서는 당사자 쌍방이 본안 변론을 개시한 후일 것을 요하는데, 만약 방소항변이 있는 때에는 이를 완결한 후에 명하여야 한다.

V. 재판소는 소송이 어떠한 정도에 있는지 불문하고 화해를 권고하거나 또는 수명·수탁의 판사에게 이를 행하도록 할 수 있음

그러나 이러한 화해를 권고하기 위해서는 당사자 자신의 출두를 명하여야 한다.

VI. 재판소는 즉시 행할 증거조사에 대해서는 당사자 진술과 동

時에行ᄒᆞᆯ지나即時에行ᄒᆞ기不能ᄒᆞᆫ事情의有ᄒᆞᆫ時ᄂᆞᆫ證據決定으로셔證據調查에特別節次를開始ᄒᆞᆷ을宣示ᄒᆞ야口頭辯論과分離케ᄒᆞᆷ을得ᄒᆞᆷ 是以로證據決定에基因ᄒᆞ야證據調查를行ᄒᆞᆫ後ᄂᆞᆫ各當事者ᄂᆞᆫ訴訟關係를表明ᄒᆞ야證據調查의結果에對ᄒᆞ야辯論을行ᄒᆞᆯ지며受命判事、受托判事의面前에셔行ᄒᆞᆫ時ᄂᆞᆫ當問調書에基因ᄒᆞ야受訴裁判所口頭辯論에此를演述ᄒᆞᆷ을要ᄒᆞᄂᆞᆫ바ㅣ라

第五節 準備節次

地方裁判所에繫屬ᄒᆞᆫ바計算의當否、財産의分別其他此와類似ᄒᆞᆫ關係를目的ᄒᆞᄂᆞᆫ訴訟에在ᄒᆞ야多數의爭點이有ᄒᆞᆫ時ᄂᆞᆫ縱令辯論

시에 행하지만, 즉시 행할 수 없는 사정이 있는 때에는 증거결정으로써 증거조사에 특별절차를 개시함을 선고하여 구두변론과 분리할 수 있음

따라서 증거결정에 기인하여 증거조사를 행한 후에는 각 당사자는 소송관계를 표명하여 증거조사의 결과에 대하여 변론을 행하게 되며, 수명판사·수탁판사의 면전에서 행한 때에는 심문조서에 기인하여 수소재판소 구두변론에서 이를 연술할 것이 요구된다.

제5절 준비절차

지방재판소에 계속하고 있는 계산의 당부, 재산의 분별 기타 이와 유사한 관계를 목적으로 하는 소송에 있어서 다수의 쟁점이 있는 때에는 명령에 따라 변론

은分雜ᄒᆞ나訴訟關係가錯雜ᄒᆞ며又ᄂᆞᆫ訴訟의完結이遲延ᄒᆞᆯ지니如斯ᄒᆞᆫ境遇에在ᄒᆞ야争點을容易히審査코져ᄒᆞᆯ진ᄃᆡ口頭審理의法則을從ᄒᆞᆫ보다書面審理의方法을採用ᄒᆞᆷ이寧宜ᄒᆞ니是以로受訴裁判所ᄂᆞᆫ其部員一人을命ᄒᆞ야訴訟材料即事實上의主張及防禦方法을書面으로ᄡᅥ確定케ᄒᆞ고受訴裁判所ᄂᆞᆫ專主히法律點에對ᄒᆞ야判斷을行ᄒᆞᄂᆞᆫ方法을設ᄒᆞ야口頭辯論을容易히進行케ᄒᆞᄂᆞᆫ바ㅣ니此를準備節次라ᄒᆞᄂᆞ니此準備節次ᄂᆞᆫ但地方裁判所訴訟節次并控訴審訴訟節次에在ᄒᆞ야適用ᄒᆞᆯ뿐이오區裁判所及上告裁判所訴訟節次에在ᄒᆞ야ᄂᆞᆫ適用치아니ᄒᆞᄂᆞᆫ바ㅣ니左에略論코져ᄒᆞ노라

第一、準備節次를行ᄒᆞᆷ에ᄂᆞᆫ左의條件이具備ᄒᆞᆷ을要ᄒᆞᄂᆞ니

을 분리하지만 소송관계가 착잡하고 또한 소송의 완결이 지연될 수 있다. 이와 같은 경우에는 쟁점을 용이하게 심사하기 위하여 구두심리의 법칙을 따르기보다는 서면심리의 방법을 채용하는 것이 차라리 마땅하다. 따라서 수소재판소는 그 부원 1인에게 명하여 소송재료, 즉 사실상의 주장 및 방어 방법을 서면으로 확정하게 하고 수소재판소는 오로지 주로 법률쟁점에 대하여 판단을 행하는 방법으로 구두변론을 용이하게 진행하도록 하는 것이다. 이를 준비절차라고 하며, 이러한 준비절차는 오직 지방재판소 소송절차 및 항소심 소송절차에서 적용이 될 뿐 구재판소 및 상고재판소 소송절차에서는 적용되지 않는다. 아래에서 간략히 논하고자 한다.

I. 준비절차를 행함에는 아래의 조건이 구비될 것을 요함

一、計筭의當否、財産의分別又는此와類似ᄒᆞᆫ關係ᄅᆞᆯ目的ᄒᆞᄂᆞᆫ訴訟될事

二、計筭書又는財産目錄에對ᄒᆞ야多數의爭議가有ᄒᆞᆫ事

三、當事者雙方이出頭ᄒᆞ야本案辯論을行ᄒᆞᄂᆞᆫ後됨을要ᄒᆞᆫ事

第二、準備節次에進行 前述ᄒᆞᆫ條件이具備ᄒᆞᆫ時ᄂᆞᆫ受訴裁判所ᄂᆞᆫ本案辯論以後結ᄒᆞ기ᄭᆞ지何時던지當事者의申提에或職權으로써準備節次ᄅᆞᆯ命ᄒᆞᆷ을得ᄒᆞ나此境遇에在ᄒᆞ야ᄂᆞᆫ本案辯論當然히延期되ᄂᆞᆫ바ㅣ며且準備節次ᄂᆞᆫ決定으로써命ᄒᆞᄂᆞᆫ바ㅣ나其決定은口頭辯論에基因ᄒᆞ야行ᄒᆞᆷ으로此ᄅᆞᆯ宣示ᄒᆞᆷ이又要ᄒᆞ며其決定을宣示ᄒᆞᆯ時에裁判長은部員一人을命ᄒᆞ야此ᄅᆞᆯ審査케ᄒᆞᆷ과

① 계산의 당부, 재산의 분별 또는 이와 유사한 관계를 목적으로 하는 소송일 것
② 계산서 또는 재산목록에 대하여 다수의 쟁의가 있을 것
③ 당사자 쌍방이 출두하여 본안변론을 행한 후일 것

II. 준비절차의 진행

전술한 조건이 구비되는 때 수소재판소는 본안변론이 종결하기까지 언제라도 당사자의 신청 또는 직권으로 준비절차를 명할 수 있다. 이 경우 본안변론은 당연히 연기되며 또한 준비절차는 결정으로 명해지는데, 그 결정은 구두변론에 기인하여 행해지므로 이를 선고할 필요가 있다. 그 결정을 선고할 때 재판장은 부원 1인에게 명하여 이를 심사하도록 함과

共히準備郞次施行期日을定ᄒᆞᆷ이本則이나若裁判長이指定지아니ᄒᆞᆫ時ᄂᆞᆫ受命判事가此를定ᄒᆞ며各當事者의게送達ᄒᆞᆷ을要ᄒᆞᄂᆞ바ㅣ라然而準備郞次에在ᄒᆞ야ᄂᆞᆫ各當事者의演述ᄒᆞᆫ바를從ᄒᆞ야請求并爭點을調書或調書의附錄으로添付ᄒᆞᆫ書面에明記ᄒᆞ야後日受訴裁判所口頭辯論及裁判의基礎를確定케ᄒᆞᄂᆞᆫ바ㅣ니左에其事項을略述ᄒᆞᆯ진ᄃᆡ

一、如何ᄒᆞᆫ請求又ᄂᆞᆫ如何ᄒᆞᆫ攻擊防禦方法을主張ᄒᆞᆫ與否

二、如何ᄒᆞᆫ請求又ᄂᆞᆫ如何ᄒᆞᆫ攻擊防禦方法을爭ᄒᆞᆫ與否

三、以上各項에基因ᄒᆞᆫ바事實上關係又當事者가表示ᄒᆞᆫ證據方法、證據抗辯에關ᄒᆞᄂᆞᆫ陳述并申提等

동시에 준비절차 시행기일을 정함이 원칙이다. 만약 재판장이 지정하지 않는 경우에는 수명판사가 이를 정하며 각 당사자에게 송달하여야 한다. 준비절차에 있어서는 각 당사자가 연술한 바에 따라 청구 및 쟁점을 조서 또는 조서의 부록으로 첨부할 서면에 명기하고 후일 수소재판소 구두변론 및 재판의 기초를 확정하도록 하므로 아래에 그 사항을 약술한다.

① 어떠한 청구 또는 어떠한 공격방어 방법을 주장하는지 여부
② 어떠한 청구 또는 어떠한 공격방어 방법을 다투는지 여부
③ 이상 각 항에 기인하는 사실상 관계 및 당사자가 표시한 증거방법, 증거항변에 관한 진술 및 신청 등.

尚且準備節次에在ᄒᆞ야ᄂᆞᆫ區裁判所通常訴訟節次를適用ᄒᆞ며準備節次進行中에在ᄒᆞ야도原告ᄂᆞᆫ訴의原因을變更ᄒᆞᆷ을得ᄒᆞ나其許否ᄂᆞᆫ受命判事의裁判ᄒᆞᆯ바ㅣ아니오受訴裁判所에셔其節次完結後調書에依ᄒᆞ야判決ᄒᆞᆯ바ㅣ며被告ᄂᆞᆫ反訴를提起ᄒᆞᆷ을得ᄒᆞ노니其權利拘束은準備節次期日에在ᄒᆞᆫ陳述을依ᄒᆞ야發生ᄒᆞ며其他準備節次ᄂᆞᆫ受訴裁判所에셔訴訟又ᄂᆞᆫ中間訴訟에對ᄒᆞ야判決又ᄂᆞᆫ證據決定을行ᄒᆞᆷ을得ᄒᆞᆯ程度ᄭᆞ지進行ᄒᆞᄂᆞᆫ바ㅣ라

第三、準備節次完結後節次　準備節次가完結ᄒᆞᆫ時ᄂᆞᆫ受訴裁判所裁判長은職權으로써期日을定ᄒᆞ야通常法則으로써辯論을開始ᄒᆞ며各當事者ᄂᆞᆫ準備節次의結果를調書에基因ᄒᆞ야演述ᄒᆞᆯ지라

또한 준비절차에 있어서는 구재판소의 통상 소송절차를 적용하며 준비절차 진행 중에 있어서도 원고는 소의 원인을 변경할 수 있는데, 그 허부는 수명판사가 재판하는 것이 아니라 수소재판소에서 그 절차 완결 후 조서에 의하여 판결을 하게 된다. 피고는 반소를 제기할 수 있는데, 그 권리구속은 준비절차 기일에서의 진술에 의해 발생하며 기타 준비절차는 수소재판소에서 소송 또는 중간소송에 대하여 판결 또는 증거결정을 할 수 있는 정도까지 진행하게 된다.

III. 준비절차 완결 후의 절차

준비절차가 완결한 때에는 수소재판소 재판장은 직권으로 기일을 정하고 통상법칙으로써 변론을 개시하며 각 당사자는 준비절차의 결과를 조서에 기인하여 연술한다.

然而受命判事面前에在ᄒᆞ야調書로써明確히ᄒᆞᆫ相對者主張事實에對ᄒᆞ야陳述을不爲ᄒᆞ며又ᄂᆞᆫ相對者가提出ᄒᆞᆫ證書에對ᄒᆞ야陳述을不爲ᄒᆞ거나此를拒絶ᄒᆞᆫ時ᄂᆞᆫ受訴裁判所에在ᄒᆞ야追完ᄒᆞᆷ을不許ᄒᆞᄂᆞᆫ바ㅣ니是ᄂᆞᆫ準備節次規定ᄒᆞᆫ趣旨를貫徹코져ᄒᆞᆫ바ㅣ라然이나攻擊防禦의方法이準備節次完結後에發生ᄒᆞ며又ᄂᆞᆫ當事者가此를不知ᄒᆞᆷ을疏明ᄒᆞᆫ時ᄂᆞᆫ口頭辯論에在ᄒᆞ야提出ᄒᆞᆷ을許ᄒᆞᄂᆞᆫ바ㅣ라然而受訴裁判所口頭辯論期日에當事者一方이出頭치아니ᄒᆞᆫ時ᄂᆞᆫ準備節次에在ᄒᆞ야爭議가無ᄒᆞᆫ事項에對ᄒᆞ야ᄂᆞᆫ一部判決로써此를完結ᄒᆞᄂᆞ니此一部判決은闕席判決이아님으로故障의申提를不許ᄒᆞ며準備節次에在ᄒᆞ야爭議가有ᄒᆞᆫ事項에

수명판사 면전에서 조서로써 명확히 해야 하는 상대자 주장 사실에 대해 진술을 하지 않고 또한 상대자가 제출한 증서에 대해 진술을 하지 않거나 이를 거절한 때에는 수소재판소에서 추완하는 것은 불허된다. 이는 준비절차 규정을 마련한 취지를 관철하고자 한 것이다. 그러나 공격방어의 방법이 준비절차 완결 후에 발생하고 또한 당사자가 이를 알지 못하였음을 소명한 때에는 구두변론에서 제출하는 것이 허용된다. 수소재판소 구두변론 기일에 당사자 일방이 출두하지 않는 경우에는 준비절차에서 다툼이 없는 사항에 대해서는 일부판결로써 이를 완결시키는데, 이러한 일부판결은 궐석판결이 아니므로 고장(故障)* 의 신청을 불허한다. 준비절차에서 다툼이 있는 사항에

* 고장에 관해서는 이 책의 제2장 제2절에서 자세히 설명하고 있다.

對ᄒᆞ야ᄂᆞᆫ出頭ᄒᆞᆫ當事者의申提ᄅᆞᆯ因ᄒᆞ야闕席判決을行ᄒᆞᆯ지며當事雙方이共히出頭ᄒᆞᆫ時ᄂᆞᆫ一般原則을從ᄒᆞ야訴訟을進行ᄒᆞᄂᆞᆫ바ㅣ라

第六節 證據節次

第一款 證據의通則

裁判所ᄂᆞᆫ摠訴訟에對ᄒᆞ야一定ᄒᆞᆫ事實을確定ᄒᆞ고此에法律을適用ᄒᆞ야써當事者의權利關係ᄅᆞᆯ判斷ᄒᆞᄂᆞ니是以로裁判에對ᄒᆞ야ᄂᆞᆫ事實을確定ᄒᆞᄂᆞᆫ方法이有ᄒᆞᆷ을要ᄒᆞ나然이나裁判所ᄂᆞᆫ過去ᄒᆞᆫ事實에對ᄒᆞ야直接으로干與ᄒᆞᆷ이無ᄒᆞᆷ으로此ᄅᆞᆯ確定코져ᄒᆞᆯ진ᄃᆡ現在事情에依ᄒᆞ야過去ᄒᆞᆫ事實을探明ᄒᆞᄂᆞᆫ手段을取ᄒᆞᆯ지니是ᄂᆞᆫ某事實을確定ᄒᆞᆷ

대해서는 출두한 당사자의 신청에 기해 궐석판결을 하며, 당사자 쌍방이 모두 출두하는 경우에는 일반원칙을 따라 소송을 진행하게 된다.

제6절 증거절차

제1관 증거의 통칙

재판소는 모든 소송에 대하여 일정한 사실을 확정하고 이에 법률을 적용하여 당사자의 권리관계를 판단한다. 따라서 재판에 대하여는 사실을 확정하는 방법이 있을 것이 요구된다. 그러나 재판소는 과거 사실에 대하여 직접 간여(干與)한 적이 없으므로 이를 확정하기 위해서는 현재 사정에 의지하여 과거 사실을 밝혀내는 수단을 가져야 한다. 이는 어떤 사실을 확정함에當ᄒᆞ야證據로써唯一의方法을作ᄒᆞᄂᆞᆫ所以라然而證據ᄂᆞᆫ事實을證明ᄒᆞᄂᆞᆫ方法又ᄂᆞᆫ材料됨으로其如何ᄒᆞᆫ事實은此를證明ᄒᆞᆷ을要ᄒᆞ며其責任은果然何人의게存在ᄒᆞᆫ지揔히此等事項에就ᄒᆞ야研究ᄒᆞᆷ은必要가有ᄒᆞᆷ으로左에略述ᄒᆞ노라

第一、證據의意義 證據의意義에對ᄒᆞ야岐貳ᄒᆞ야一定ᄒᆞᆫ바ㅣ無ᄒᆞ나然이나日本民事訴訟法을擧ᄒᆞ건ᄃᆡ證據ᄂᆞᆫ左의四個意義가有ᄒᆞ니

一、證據ᄂᆞᆫ證明의意義를有ᄒᆞᆷ 證明은爭又ᄂᆞᆫ疑가有ᄒᆞᆫ事實에對ᄒᆞ야爭又ᄂᆞᆫ疑를除去ᄒᆞᄂᆞᆫ行爲即裁判官으로ᄒᆞ야곰其事實을確信케ᄒᆞᄂᆞᆫ行爲를謂ᄒᆞᆷ이니是ᄂᆞᆫ擧證의責任이有ᄒᆞᆫ當事

에 있어 증거로써 유일의 방법을 만드는 이유이다. 나아가 증거는 사실을 증명하는 방법 또는 재료가 되므로 그 어떤 사실을 증명할 필요가 있는지, 그 책임은 과연 누구에게 있는지를 총괄하여 이들 사항에 관해 연구할 필요가 있으므로 아래에서 약술하고자 한다.

I. 증거의 의의

증거의 의의에 대해서는 의견이 나뉘어져 하나로 정해진 것이 없으나 일본 민사소송법을 예로 들어보면 증거는 아래의 4가지 의의가 있다.

① 증거는 증명의 의의를 가짐

증명은 다툼 또는 의심이 있는 사실에 대하여 다툼 또는 의심을 제거하는 행위, 즉 재판관으로 하여금 그 사실을 확신하게 하는 행위를 말한다. 이는 거증의 책임이 있는 당사

者가行홈이原則이니라

二、證據ᄂᆞᆫ證據方法의意義를有홈　證據方法에對ᄒᆞ야二個의意義가有ᄒᆞ니一은證明原因을發見ᄒᆞᄂᆞᆫ手段을指ᄒᆞ며一은證明原因을得ᄒᆞᄂᆞᆫ材料를指ᄒᆞᄂᆞ니前者에在ᄒᆞ야ᄂᆞᆫ某物件을檢査ᄒᆞ며證書를檢閱ᄒᆞ며證人、鑑定人又ᄂᆞᆫ當事者本人을訊問ᄒᆞᄂᆞᆫ等이證據方法이며後者에在ᄒᆞ야ᄂᆞᆫ檢証의目的物、證人、鑑定人、證書、當事者本人等이證據方法이라云ᄒᆞᆯ지니理論上으로言ᄒᆞ면진디前說이稍優ᄒᆞ나然이나日本現行民事訴訟法에在ᄒᆞ야ᄂᆞᆫ證據方法이라云ᄒᆞᄂᆞᆫ文字를前述ᄒᆞᆫ二個의意義로用ᄒᆞ야檢證、當事者本人訊問等境遇에在ᄒᆞ야ᄂᆞᆫ證據

자가 행하는 것이 원칙이다.

② 증거는 증거방법의 의의를 가짐

증거방법에 대하여는 2개의 의의가 있다. 하나는 증명원인을 발견하는 수단을 가리키며, 다른 하나는 증명원인을 얻는 재료를 가리킨다. 전자에 있어서는 어느 물건을 검사하며, 증서를 검열하며, 증인·감정인 또는 당사자 본인을 신문하는 등이 증거방법이며, 후자에 있어서는 검증의 목적물, 증인, 감정인, 증서, 당사자 본인 등이 증거방법이라 할 수 있다. 이론상으로 말하면 전설이 약간 우세하지만 일본 현행 민사소송법에 있어서는 증거방법이라고 하는 문자를 전술한 2개의 의의로 사용하여, 검증, 당사자 본인 신문 등의 경우에 있어서는 증거

方法은手段이라云ᄒᆞ며書證、人證、鑑定等境遇에在ᄒᆞ야ᄂᆞᆫ
證據方法은材料라云ᄒᆞᄂᆞᆫ바ㅣ라
三、證據ᄂᆞᆫ證據方法을依ᄒᆞ야心證을得ᄒᆞᆫ理由의意義를有ᄒᆞᆷ
心證을得ᄒᆞᆫ理由ᄂᆞᆫ裁判官이自己의實驗又他人의報告를依
ᄒᆞ야當事者의事實上眞否를確信ᄒᆞᄂᆞᆫ原因을謂ᄒᆞᆷ이니日本
民事訴訟法上에證明의原因이라云ᄒᆞᆷ은裁判官이事實又ᄂᆞᆫ事
實上推定에對ᄒᆞ야確信을惹起ᄒᆞᄂᆞᆫ바理由를謂ᄒᆞᆷ이라
四、證據ᄂᆞᆫ證據方法에依ᄒᆞ야證明ᄒᆞᆫ바結果의意義를有ᄒᆞᆷ 證
據方法을依ᄒᆞ야事實을證明ᄒᆞᆫ結果ᄂᆞᆫ完全又不完全됨을不問
ᄒᆞ고總히裁判官이事實을認定ᄒᆞᆷ에材料를作ᄒᆞᆫ바로써證明의

방법을 수단이라고 말하며, 서증, 인증, 감정 등의 경우에 있어서는 증거방법을 재료라고 말하고 있다.

③ 증거는 증거방법에 의하여 심증을 얻는 이유의 의의를 가짐

심증을 얻은 이유는 재판관이 자기의 실제 경험 및 타인의 보고에 의하여 당사자의 사실상 진부를 확신하는 원인을 말한다. 일본 민사소송법상 증명의 원인이라고 하는 것은 재판관이 사실 또는 사실상의 추정에 대하여 확신을 야기한 이유를 말하는 것이다.

④ 증거는 증거방법에 의하여 증명한 결과의 의의를 가짐

증거방법에 의하여 사실을 증명한 결과는 완전 또는 불완전함을 불문하고 모두 재판관이 사실을 인정함에 있어 재료가 됨으로써 증명의

結果라云ᄒᆞᆯ지로다

第二、證明ᄒᆞᆯ事實 證明을要ᄒᆞᆯ事實은裁判所가某訴訟을裁判ᄒᆞᆷ에最必要ᄒᆞᆫ事項됨과共히疑義가有ᄒᆞᆫ事實을謂ᄒᆞᆷ이니刑事訴訟과如히眞正ᄒᆞᆫ事實을得고져ᄒᆞᄂᆞᆫ主義를不取ᄒᆞ고當事者가不爭ᄒᆞᄂᆞᆫ事實은設或實際事實과不合ᄒᆞᆯ지라도眞正ᄒᆞᆷ으로確定ᄒᆞᆷ이原則이니是以로刑事訴訟에在ᄒᆞ야ᄂᆞᆫ自白이有ᄒᆞ되尙且證據를依ᄒᆞ야事實을確定ᄒᆞ나民事訴訟에在ᄒᆞ야ᄂᆞᆫ自白이有ᄒᆞᆫ事實은眞正ᄒᆞᆷ으로看做ᄒᆞᄂᆞ니從ᄒᆞ야繫爭事實의眞否에對ᄒᆞ야裁判官이認知ᄒᆞ기不能ᄒᆞᆫ境遇에限ᄒᆞ야證明을要ᄒᆞᆯ쌴이나然이나人事訴訟에在ᄒᆞ야ᄂᆞᆫ裁判所ᄂᆞᆫ職權으로證據를調査

결과라고 말할 수 있다.

II. 증명할 사실

증명을 요하는 사실은 재판소가 어떤 소송을 재판함에 있어 가장 필요한 사항이 됨과 동시에 의심이 있는 사실을 말한다. 형사소송과 같이 진정한 사실을 얻고자 하는 주의를 취하지 않고, 당사자가 다투지 아니하는 사실은 설혹 실제 사실과 합치하지 않을 지라도 진정한 것으로 확정함이 원칙이다. 따라서 형사소송에 있어서는 자백이 있어도 증거에 의하여 사실을 확정하지만 민사소송에 있어서는 자백이 있는 한 사실은 진정한 것으로 간주한다. 이에 따라 계쟁사실의 진부에 대하여 재판관이 인지할 수 없는 경우에 한하여 증명을 요할 뿐이다. 그러나 인사소송에 있어서는 재판소는 직권으로 증거를 조사

ᄒᆞ야實際事實을探明ᄒᆞᆷ으로自白이重要ᄒᆞᆫ證據를未成ᄒᆞᄂᆞᆫ바ㅣ며且證書訴訟、爲替訴訟에在ᄒᆞ야ᄂᆞᆫ設或相對者가自白ᄒᆞᆫ事實이라도證書로써證明ᄒᆞᆷ이아니면裁判ᄒᆞ믈不得ᄒᆞᄂᆞᆫ바ㅣ라

證明을要ᄒᆞᄂᆞᆫ事實은大略如右ᄒᆞ나更히證明을不要ᄒᆞᄂᆞᆫ事項을略述ᄒᆞ건ᄃᆡ

一、法律에關ᄒᆞᆫ事項　凡訴訟에在ᄒᆞ야證明을要ᄒᆞᄂᆞᆫ事項은事實關係에限ᄒᆞᆷ으로法律上解釋及其存否와如ᄒᆞᆷ은裁判官이自知ᄒᆞᆯ事項이니證明을不要ᄒᆞᆯ뿐만이라當事者가陳述ᄒᆞᆷ을不要ᄒᆞ나然이나其法則中地方慣習法、商慣習又ᄂᆞᆫ外國의現行法等은特別히證明ᄒᆞᆷ을要ᄒᆞ며且裁判所ᄂᆞᆫ職權으로相當ᄒᆞᆫ調査

하여 실제 사실을 밝혀내기 때문에 자백이 중요한 증거를 이루지 않으며 또한 증서소송, 위체(환)소송에 있어서는 설혹 상대자가 자백한 사실이라도 증서로서 증명하는 것이 아니면 재판할 수 없다. 증명을 요하는 사실은 대략 위와 같으나 다시금 증명을 요하지 않는 사항을 약술하고자 한다.

① 법률에 관한 사항

일반적으로 소송에 있어서 증명을 요하는 사항은 사실관계에 한하므로 법률상 해석 및 그 존부와 같은 것은 재판관이 스스로 알고 있는 사항이므로 증명을 요하지 아니한다. 당사자가 진술할 필요가 없지만 그 법칙 중 지방관습법, 상관습 또는 외국의 현행법 등은 특별히 증명을 요하며 또한 재판소는 직권으로 상당한 조사

를行ᄒᆞ야裁判의材料를蒐集ᄒᆞᄂᆞᆫ바ㅣ라

二、事實에關ᄒᆞ야證明을不要ᄒᆞᆫ事項　前述ᄒᆞᆷ과如히事實關係ᄂᆞᆫ此를證明ᄒᆞᆷ을要ᄒᆞ나然이나訴訟進行中에裁判所에覺知ᄒᆞᆫ事實又ᄂᆞᆫ世人이共知ᄒᆞᄂᆞᆫ事實及法律上推定이有ᄒᆞᆫ事實、裁判上自白이有ᄒᆞᆫ事實에對ᄒᆞ야ᄂᆞᆫ證明을不要ᄒᆞᄂᆞᆫ바ㅣ라

第三　擧證의責任　民事訴訟法은不干涉主義를採用ᄒᆞᆷ으로裁判官職權으로明證據를蒐集ᄒᆞᄂᆞᆫ境遇를除ᄒᆞᆫ外에ᄂᆞᆫ一般으로當事者의게擧證의責任이有ᄒᆞᆷ은勿論이나當事者中其何人이此責을負ᄒᆞᄂᆞᆫ與否에至ᄒᆞ야研究를頗要ᄒᆞᆯ지니是ᄂᆞᆫ擧證責任問題가生ᄒᆞᄂᆞᆫ所以니라

를 행하여 재판의 재료를 수집하여야 한다.

② 사실에 관하여 증명할 필요가 없는 사항

전술한 바와 같이 사실관계는 이를 증명하는 것이 필요하지만, 소송 진행 중에 재판소에서 알게 된 사실 또는 세상 사람들이 공지하는 사실 및 법률상 추정되는 사실, 재판상 자백이 된 사실에 대해서는 증명이 필요하지 않다.

III. 거증의 책임

민사소송법은 불간섭주의를 채용하므로 재판관 직권으로 증거를 수집하는 경우를 제외하고는 일반적으로 당사자에게 거증의 책임이 있음은 물론이나 당사자 중 누가 이러한 책임을 부담하는지 여부에 관해서는 많은 연구가 필요하다. 이는 거증책임 문제가 생기는 이유이다.

(一)事實을主張하야利益을得코져하는者는其事實을證明하는
責이有함 凡訴訟法上에當事者는雙方이共히平等地位에立
함으로擧證의責任이一便에專在치아니함이原則이며唯原告
는多數境遇에在하야一定한事實을主張하야自己의利益을得
코져하는地位에立함으로擧證의責任이常有함과如한表觀이
有하나然이나擧證의責任은原告의게專在치아니하고唯相對
者主張事實에對하야攻擊又는防禦코져할時에限하야擧證의
責任이有하니是以로攻擊地位에立한原告가主張事實을完
全히證明하기不能할時는相對者의反對證明을不要하고但否
認의陳述로써原告의請求를却下함이通例며且原告의主張이

① 사실을 주장하여 이익을 얻고자 하는 자는 그 사실을 증명해야 할 책임이 있음
일반적으로 소송법상 당사자는 쌍방이 모두 평등한 지위에 서 있으므로 거증의 책임이 오로지 한편에만 있지 아니한 것이 원칙이다. 다만 원고는 다수의 경우에 있어서 일정한 사실을 주장하여 자기의 이익을 얻고자 하는 지위에 있으므로 항상 거증의 책임을 지는 것과 같은 외관이 존재한다. 그러나 거증의 책임은 원고에게만 있는 것은 아니며, 오직 상대자의 주장 사실에 대하여 공격 또는 방어를 하고자 할 때에 한하여 거증의 책임이 있는 것이다. 따라서 공격수 지위에 서있는 원고가 주장 사실을 완전히 증명할 수 없는 때에는 상대자의 반대증명은 필요하지 않으며, 부인의 진술로써 원고의 청구를 각하하는 것이 통례이다. 또한 원고의 주장이

證明되며又는爭이無ᄒᆞᆫ時는擧證의責任이被告의게移轉ᄒᆞᄂᆞ니是即被告는通常原告보다便宜ᄒᆞᆫ地位에立ᄒᆞ야原告가完全ᄒᆞᆫ立證이有ᄒᆞᆫ기ᄭᆞ지는擧證의責任이無ᄒᆞᆫ바ㅣ라

(二)擧證責任의移轉 擧證의責任이有ᄒᆞᆫ者가其事實에對ᄒᆞ야完全ᄒᆞᆫ證明이有ᄒᆞ거나相對者가其事實을自白又는不爭ᄒᆞᆫ時는擧證責任이移轉ᄒᆞᄂᆞ니譬컨ᄃᆡ消費貸借의事實을主張ᄒᆞ야貸金請求를行ᄒᆞᆫ原告가貸借上事實을證明ᄒᆞ거나被告가自白ᄒᆞᆫ時는此에對ᄒᆞ야辨償을行ᄒᆞᆷ과相殺를行ᄒᆞᆫ旨로ᄡᅥ義務가無ᄒᆞ다主張ᄒᆞ야其請求를免ᄒᆞ고져ᄒᆞᆯ진ᄃᆡ辨償或相殺의事實을證明치아니치못ᄒᆞᆷ과如ᄒᆞᆷ이是라

증명되거나 또는 다툼이 없는 때에는 거증의 증명의 책임이 피고에게 이전하므로 피고는 통상 원고보다 편의한 지위에 서서 원고가 완전한 입증을 할 때까지는 거증의 책임을 지지 않는 것이다.

② 거증책임의 이전

거증의 책임을 지는 자가 그 사실에 대하여 완전한 증명을 하거나 상대자가 그 사실을 자백 또는 다투지 아니하는 때에는 거증책임이 이전된다. 예컨대 소비대차의 사실을 주장하여 대금청구를 하는 원고가 대차사실을 증명하거나 피고가 자백하는 때에는 이에 대하여 변상을 행함과 상계를 행하는 취지로써 의무가 없다고 주장하여 그 청구를 면하고자 한 것인데, 변상 또는 상계의 사실을 증명하지 않으면 안 되는 것과 같은 것이다.

第四 證據上의主義

證據上主義에自由心證主義와心證制限主義即法律規定으로써自由心證을制限함이有하니日本民事訴訟法은原則으로自由心證主義를採하야證據의取舍及判斷을裁判官自由에一任하나然이나無制限으로放任치아니하고幾種의制限이有하니

(一) 法律上特別規定이有한事項譬컨대民法上確定日附의規定과如함은其制限을必從할지니是는日本民事訴訟法第二一七條에明示한바ㅣ며

(二) 心證을得한바材料는辯論及證據調査의結果됨을要하며

(三) 心證을得한證據의理由는判決中에此를說明할지니是는日本

IV. 증거상의 주의

증거상 주의에 자유심증주의와 심증제한주의, 즉 법률 규정으로써 자유심증을 제한하는 것이 있는데, 일본 민사소송법은 원칙으로서 자유심증주의를 채택하여 증거의 취사 및 판단을 재판관의 자유에 일임하고 있다. 그러나 무제한으로 방임하는 것은 아니며 몇 가지의 제한이 있다.

① 법률상 특별 규정이 있는 사항, 예컨대 민법상 확정일부의 규정과 같은 것은 그 제한을 반드시 따라야 하는데, 이는 일본 민사소송법 제217조에 명시되어 있으며,

② 심증을 얻은 재료는 변론 및 증거조사의 결과가 될 것을 요하며,

③ 심증을 얻은 증거의 이유는 판결 중에 이를 설명하여야 하는데, 이는 일본

民事訴訟法第二三六條에明示ᄒᆞᆫ바ㅣ라

第五、證據調査의通則 證據調査ᄂᆞᆫ裁判官이當事者의提出ᄒᆞᆫ證據方法에對ᄒᆞ야其眞否를調査ᄒᆞᆷ을謂ᄒᆞᆷ이니通常으로受訴裁判所에셔行ᄒᆞᄂᆞᆫ바ㅣ라然이나法律에特別規定이有ᄒᆞᆫ時ᄂᆞᆫ受訴裁判所의部員一人을命ᄒᆞ며又ᄂᆞᆫ他裁判所及其他官廳에囑托ᄒᆞ야調査케ᄒᆞᄂᆞᆫ바ㅣ니左에關ᄒᆞᆫ節次를略述ᄒᆞᆫ건ᄃᆡ

一、證據調査의限度 當事者가提出ᄒᆞᆫ證據에對ᄒᆞ야如何ᄒᆞᆫ程度ᄭᆞ지調査를行ᄒᆞᄂᆞᆫ與否ᄂᆞᆫ受訴裁判所意見에一任ᄒᆞᆯ지오法律에規定은必要가無ᄒᆞᄂᆞ니是以로其如何ᄒᆞᆫ事實이果然係爭되ᄂᆞᆫ與否와又其證明ᄒᆞᆯ必要가有ᄒᆞᆫ與否ᄂᆞᆫ並히裁判官判斷에

민사소송법 제236조에 명시되어 있다.

V. 증거조사의 통칙

증거조사는 재판관이 당사자가 제출한 증거방법에 대하여 그 진부를 조사하는 것을 말하여, 통상적으로 수소재판소에서 행한다. 그러나 법률에 특별 규정이 있는 때에는 수소재판소의 부원 1인에게 명하거나 또는 다른 재판소 및 다른 관청에 촉탁하여 조사하도록 하는데, 아래에서 이에 관한 절차를 약술하고자 한다.

① 증거조사의 한도

당사자가 제출한 증거에 대하여 어느 정도까지 조사를 행하는지 여부는 수소재판소의 의견에 일임할 것이고 법률에 규정할 필요는 없다. 따라서 그러한 사실이 과연 다투어지고 있는지 여부와 증명할 필요가 있는지 여부는 모두 재판관의 판단에

專在ᄒᆞᆷ으로縱令當事者가多數의證據를提出ᄒᆞ되뎌를採用又ᄂᆞᆫ排斥ᄒᆞᄂᆞᆫ與否도ᄯᅩᄒᆞᆫ裁判官意見에一依ᄒᆞᆫ바ㅣ니是ᄂᆞᆫ日本民事訴訟法第二七四條第一項에明示ᄒᆞᆫ바ㅣ라

二、證據調査前의節次　證據調査에對ᄒᆞ야當事者演述과同時에行ᄒᆞᆯ境遇와當事者演述과分離ᄒᆞ야特別節次를要ᄒᆞᆯ境遇가有ᄒᆞᄂᆞ니後者境遇에在ᄒᆞ야ᄂᆞᆫ受訴裁判所ᄂᆞᆫ證據決定으로ᄡᅥ調査를命ᄒᆞ며證據決定을命ᄒᆞᆯ時ᄂᆞᆫ一定ᄒᆞᆫ方式을遵由ᄒᆞᆯ지니

甲、證據決定에記載ᄒᆞᆯ事項

가、證明ᄒᆞᆯ係爭事實의表示

맡겨져 있으므로, 설령 당사자가 다수의 증거를 제출하더라도 이를 채용 또는 배척할지 여부도 또한 재판관의 의견에 맡겨져 있다. 이는 일본 민사소송법 제274조 제1항에 명시되어 있다.

② 증거조사 전의 절차

증거조사에 대하여 당사자의 연술과 동시에 행하는 경우와 당사자의 연술과 분리하여 특별절차를 요하는 경우가 있다. 후자의 경우에 있어서 수소재판소는 증거결정으로 조사를 명하며 증거결정을 명할 때에는 일정한 방식을 따라야 한다.

甲. 증거결정에 기재할 사항

㉮ 증명할 계쟁사실의 표시

나、證據方法의表示特히證人、鑑定人을訊問할時는其表示

다、證據方法을提出한原告或被告의表示

乙、證據決定의結果 證據決定은訴訟指揮上의一種命令이니當事者는此에對하야不服을申提치못하며從하야擧證者는其決定의變更을請求치못하나然이나證據決定施行完結前에在하야新辯論으로新事實을主張할時는前決定을變更함을得하는바ㅣ라

丙、證據決定과其施行할行爲

가、證據調査에對하야費用을要할時는裁判所는期間을預

㉯ 증거방법의 표시, 특히 증인, 감정인을 신문할 때는 그 표시

㉰ 증거방법을 제출한 원고 또는 피고의 표시

乙. 증거결정의 결과

증거결정은 소송지휘상의 일종의 명령이므로 당사자는 이에 대하여 불복을 신청하지 못한다. 따라서 거증자는 그 결정의 변경을 청구하지 못하지만 증거결정 시행 완결 전에 있어서 새로운 변론으로 새로운 사실을 주장하는 때에는 앞선 결정을 변경하는 것이 가능하다.

丙. 증거결정과 함께 할 행위

㉮ 증거결정에 대하여 비용을 요할 때에는 재판소는 기간을 예

定ᄒᆞ야擧證者의게費用의預納을命ᄒᆞ며

나、受命判事로써證據를調査케ᄒᆞᆯ時ᄂᆞᆫ裁判長은其決定宣示와共히此를指命ᄒᆞ며

다、證據調査期日의指定

라、他裁判所又ᄂᆞᆫ外國에在ᄒᆞ야證據를調査케ᄒᆞᆯ時ᄂᆞᆫ必要ᄒᆞᆫ囑托書의發送

三、證據調査의實行　證據調査ᄂᆞᆫ受訴裁判所又ᄂᆞᆫ受命判事及受托判事가各個證據方法에就ᄒᆞ야法律規定又ᄂᆞᆫ職權을依ᄒᆞ야此를實行ᄒᆞ며當事者ᄂᆞᆫ此에立會ᄒᆞᆷ을得ᄒᆞ나當事者의立會ᄂᆞᆫ證據調査實行의要件이아님으로當事者一方又ᄂᆞᆫ雙方

정하여 거증자에게 비용의 예납을 명함

㉯ 수명판사로 하여금 증거를 조사하도록 하는 때에는 재판장은 그 결정선고와 함께 이를 지명함

㉰ 증거조사 기일의 지정

㉱ 다른 재판소 또는 외국에서 증거를 조사하도록 하는 때에는 필요한 촉탁서의 발송

③ 증거조사의 실행

증거조사는 수소재판소 또는 수명판사 및 수탁판사가 각 개 증거방법에 관해 법률 규정 또는 직권에 의해 이를 실행하며, 당사자는 이에 입회할 수 있으나 당사자의 입회는 증거조사 실행의 요건이 아니므로 당사자 일방 또는 쌍방

이出頭치아니ᄒᆞᆫ時ᄂᆞᆫ事件의程度에依ᄒᆞ야調査ᄅᆞᆯ行ᄒᆞᄂᆞ니是以로當事者의出頭치아니ᄒᆞᆷ을因ᄒᆞ야調査의全部或一部ᄅᆞᆯ行치못ᄒᆞᆫ境遇에在ᄒᆞ야ᄂᆞᆫ其不能ᄒᆞᆫ部分에對ᄒᆞ야擧證者의게懈怠의結果가生ᄒᆞ나然이나此懈怠의結果ᄂᆞᆫ絶對的事項이아님으로當事者ᄂᆞᆫ更히新證據ᄅᆞᆯ提出ᄒᆞᆷ을得ᄒᆞᆷ은勿論이며且訴訟節次가遲延ᄒᆞᆯ憂慮가無ᄒᆞ거나出頭치아니ᄒᆞᆫ擧證者의게過失이無ᄒᆞᆷ을疏明ᄒᆞ며又ᄂᆞᆫ相對者가不爭ᄒᆞᆯ時ᄂᆞᆫ判決에接着ᄒᆞᆫ口頭辯論終結前에證據調査의補充又ᄂᆞᆫ追完을請求ᄒᆞᆷ을得ᄒᆞᄂᆞᆫ바ㅣ라

四、證據調査完結後節次 證據調査가完結ᄒᆞᆫ時ᄂᆞᆫ各當事者

이 출두하지 아니한 경우에는 사건의 정도에 따라서 조사를 행한다. 따라서 당사자가 출두하지 아니함으로 인해 조사의 전부 또는 일부를 행하지 못하는 경우에는 그 불능된 부분에 대하여 거증자에게 해태의 결과가 생긴다. 그러나 이러한 해태의 결과는 절대적 사항이 아니므로 당사자는 다시 새로운 증거를 제출할 수 있음은 물론이고 또한 소송절차가 지연될 우려가 없거나, 출두하지 아니한 거증자에게 과실이 없음을 소명하거나 또는 상대자가 다투지 아니하는 때에는 판결에 기재되어 있는 구두변론 종결 전에 증거조사의 보충 또는 추완을 청구할 수 있다.

④ 증거조사 완결 후의 절차

증거조사가 완결된 때는 각 당사자

는其結果에對ᄒᆞ야辯論을行ᄒᆞᆯ지며且受訴裁判所는其事件이
아직判決을行ᄒᆞᆯ程度에不至ᄒᆞᆷ으로認ᄒᆞᆫ時는更히當事者의申
提를因ᄒᆞ야證據決定을行ᄒᆞ는바ㅣ니是以로該訴裁判所에셔
證據調査를行ᄒᆞᆯ境遇에調査가完了ᄒᆞᆫ時는特別히期日을指
定치아니ᄒᆞ고辯論을續行ᄒᆞ는바ㅣ라然而證據調査期日은證
據調査를完了ᄒᆞ거나又는行ᄒᆞ기不能ᄒᆞᆷ을因ᄒᆞ야滿了됨으로
期日이完了ᄒᆞᆫ時는辯論期日이開始ᄒᆞ느니如斯ᄒᆞᆫ境遇에當事
者一方이出頭치아니ᄒᆞᆫ時는出頭ᄒᆞᆫ當事者申提를因ᄒᆞ야闕
席判決을行ᄒᆞ며又雙方이共히出頭치아니ᄒᆞᆫ時는訴訟節次가
休止되는바ㅣ라

는 그 결과에 대하여 변론을 행하며 또한 수소재판소는 그 사건이 아직 판결을 행할 정도에 이르지 못하였다고 인정하는 때에는 다시 당사자의 신청이 있으면 증거결정을 할 수 있다. 따라서 수소재판소에서 증거조사를 행하는 경우에, 조사가 완료하는 때에는 특별히 기일을 지정하지 아니하고 변론을 속행한다. 증거조사 기일은 증거조사를 완료하거나 또는 그것을 행하는 것이 불가능함을 이유로 만료되므로 기일이 완료되는 때에는 변론 기일이 개시되고, 이러한 경우에 당사자 일방이 출두하지 아니하는 때에는 출두한 당사자의 신청으로 인하여 궐석판결을 행하며 또한 쌍방이 모두 출석하지 아니하는 때에는 소송절차가 휴지(정지)된다.

第二款 各個의證據方法

第一項 人證

人證은當事者主張事實을證明홈에供用ᄒᆞᄂᆞᆫ一種方法이며此에供用되ᄂᆞᆫ者ᄂᆞᆫ證人이라謂ᄒᆞᄂᆞ니左에畧述코자ᄒᆞ노라

第一、證人의意義及證言의證據力 證人은裁判所命令을從ᄒᆞ야過去事實의觀察結果、를報告ᄒᆞᄂᆞᆫ第三者를謂홈이니是ㅣ以로其報告卽證人의證據力은、裁判官이各個境遇의事情을斟酌ᄒᆞ야自由로決定ᄒᆞᆯ지라譬컨ᄃᆡ證人自身을信用ᄒᆞᆯ與否와宣誓를行ᄒᆞᆫ바證言되ᄂᆞᆫ與否又ᄂᆞᆫ證言自體가信用될與否及其他事情을依ᄒᆞ야判斷ᄒᆞᄂᆞᆫ바ㅣ며且證人의證言이、裁判所에在ᄒᆞ야現著치

제2관 각개의 증거방법

제1항 인증

인증은 당사자 주장사실을 증명함에 사용하는 일종의 방법이며, 이에 사용되는 자를 증인이라고 부른다. 아래에서 약술하고자 한다.

I. 증인의 의의 및 증언의 증거력

증인은 재판소 명령을 따라 과거 사실의 관찰 결과를 보고하는 제3자를 말한다. 따라서 그 보고, 즉 증인의 증거력은 재판관이 각 개별 경우의 사정을 참작하여 자유롭게 결정한다. 예컨대 증인 자신을 믿을지 여부와 선서를 행한 증언이 되는지 여부 또는 증언 자체를 믿을지 여부 및 기타 사정에 의하여 판단하여야 한다. 또한 증인의 증언이 재판소에 있어서 현저하지 아니ᄒᆞᆫ時ᄂᆞᆫ此를依ᄒᆞ야不利益을受ᄒᆞᆯ當事者一方은證據抗辯即證人을信用치못ᄒᆞᆯ旨를申提ᄒᆞ며原告或被告와證人間에親族關係가有ᄒᆞᆯ時ᄂᆞᆫ證人을忌避ᄒᆞᆷ을申請ᄒᆞᄂᆞᆫ바ㅣ라

如斯히證人의證言은裁判所가事實을判斷ᄒᆞᆷ에供用ᄒᆞᄂᆞᆫ材料됨으로眞實無疑ᄒᆞᆷ을要ᄒᆞᆯ지나其眞實無疑의供述을命ᄒᆞᆷ에ᄂᆞᆫ一種의強制方法이無치못ᄒᆞᆯ지니是即宣誓에關ᄒᆞᆫ規定이有ᄒᆞᆫ所以ㅣ라

一、約束的宣誓 約束的宣誓ᄂᆞᆫ證人을訊問ᄒᆞ기前에在ᄒᆞ야眞實ᄒᆞᆫ事實을供述ᄒᆞᆯ旨를約束ᄒᆞᄂᆞᆫ宣誓를謂ᄒᆞᆷ이니普通으로證人의宣誓라云ᄒᆞᆫ時ᄂᆞᆫ此約束的宣誓를謂ᄒᆞᆷ이라

아니한 때에는 이에 의하여 불이익을 받는 당사자 일방은 증거항변, 즉 증인을 믿을 수 없다는 취지를 신청하고, 원고 또는 피고와 증인 간에 친족관계가 있는 때에는 증인을 기피하는 신청을 할 수 있다.

이와 같은 증인의 증언은 재판소가 사실을 판단함에 사용하는 재료가 되므로 진실되고 의심이 없을 것을 요하지만, 그러한 진실되고 의심이 없는 진술을 명함에는 일종의 강제방법이 없어서는 안되는데, 이는 선서에 관한 규정이 존재하는 이유이다.

① 구속적 선서

구속적 선서는 증인을 신문하기 전에 진실한 사실을 진술할 취지를 약속하는 선서를 말한다. 보통 증인의 선서라고 말하는 때에는 이 구속적 선서를 말하는 것이다.

二、保證的宣誓 保證的宣誓ᄂᆞᆫ證人을訊問ᄒᆞᆫ後에眞實ᄒᆞᆫ事實을供ᄒᆞᆫ旨를保證ᄒᆞᄂᆞᆫ意ㅣ니此保證的宣誓ᄂᆞᆫ特別事情이有ᄒᆞᆫ時에限ᄒᆞ야行케ᄒᆞᄂᆞᆫ바ㅣ라譬컨ᄃᆡ日本民事訴訟法第三〇六條境遇와如ᄒᆞᆷ은例外로訊問後宣誓를行케ᄒᆞᄂᆞᆫ바ㅣ라

右述ᄒᆞᆫ事項은證人을訊問ᄒᆞᆯ際에반ᄃᆞ시遵由ᄒᆞᆯ規定이니是ᄂᆞᆫ日本民事訴訟法第三〇七條에明示ᄒᆞᆫ바ㅣ라然이나宣誓를命ᄒᆞᆯ資格이無ᄒᆞᆫ證人에對ᄒᆞ야ᄂᆞᆫ單히供述을命ᄒᆞᆷ이有ᄒᆞᄂᆞ니日本民事訴訟法第三一〇條境遇와如ᄒᆞᆷ이是라

第二、證人의義務 證人의義務ᄂᆞᆫ法律에基因ᄒᆞᄂᆞᆫ公法上義務ㅣ니國家가其履行을强制ᄒᆞᄂᆞᆫ바ㅣ됨으로何人을不問ᄒᆞ고法律

② 보증적 선서

보증적 선서는 증인을 신문한 후에 진실한 사실을 진술한 취지를 보증하는 의미이다. 이러한 보증적 선서는 특별 사정이 있을 때에 한하여 행해진다. 예컨대 일본 민사소송법 제306조와 같은 경우 예외적으로 신문 후 선서를 행하도록 하고 있다.

위에서 설명한 사항은 증인을 신문할 때에 반드시 따라야 할 규정이며, 이는 일본 민사소송법 제307조에 명시되어 있다. 그러나 선서를 명할 자격이 없는 증인에 대해서는 오직 진술만을 명할 수 있는데, 일본 민사소송법 제310조와 같은 경우가 이것이다.

II. 증인의 의무

증인의 의무는 법률에 기인하는 공법상 의무이고 국가가 그 이행을 강제하게 되므로, 어떤 사람인지를 불문하고 법률에別段規定이無ᄒᆞᆫ限은裁判所命令을依ᄒᆞ야證言을行ᄒᆞᆯ義務가有ᄒᆞᆫ바ㅣ라然而玆에所謂法律에別段規定이라云ᄒᆞᆷ은譬컨ᄃᆡ日本民事訴訟法第二九○條第二九七條及第二九八條의境遇와如ᄒᆞᆷ이是라如斯히特別規定이無ᄒᆞᆫ限은一般으로證言의義務가有ᄒᆞᆫ나니凡證人의義務ᄂᆞᆫ裁判所呼出에依ᄒᆞ야出頭ᄒᆞᄂᆞᆫ義務、裁判官發問에對ᄒᆞ야供述ᄒᆞᄂᆞᆫ義務、裁判所命令에依ᄒᆞ야宣誓ᄅᆞᆯ行ᄒᆞᄂᆞᆫ義務等三個로成ᄒᆞᆷ으로右三個事項에對ᄒᆞ야ᄂᆞᆫ各個의強制方法이有ᄒᆞᆫ지라即罰金을科ᄒᆞ며拿引을命ᄒᆞᆷ과如ᄒᆞᆷ이是니此等方法을實行ᄒᆞᄂᆞᆫ權은受訴裁判所ᄂᆞᆫ勿論ᄒᆞ고受命判事又ᄂᆞᆫ受托判事도此ᄅᆞᆯ有ᄒᆞᆫ바ㅣ라

에 별단의 규정이 없는 이상은 재판소 명령에 의하여 증언을 행할 의무가 있다. 여기에서 소위 법률에 별단의 규정이라고 말하는 것은, 예컨대 일본 민사소송법 제290조, 제297조 및 제298조와 같은 경우가 이것이다. 이와 같이 특별 규정이 없는 한 일반적으로 증언의 의무가 있으며, 보통 증인의 의무는 재판소의 호출에 의하여 출두해야 하는 의무, 재판관의 석명에 대하여 진술할 의무, 재판소 명령에 의하여 선서를 행할 의무 등 3개로 성립하므로, 위 3개 사항에 대해서는 각개의 강제방법이 있는데, 즉 벌금을 과하고 구인을 명하는 것과 같은 것이다. 이들 방법을 실행하는 권능은 수소재판소는 물론이고 수명판사 또는 수탁판사도 이를 가진다.

右述ᄒᆞᆫ三個事項은一般으로證人의義務를成ᄒᆞ나然이나法律規定又ᄂᆞᆫ裁判所意見으로出頭의義務를免除ᄒᆞᆷ이有ᄒᆞ니如斯히出頭의義務를免除ᄒᆞᆫ證人에對ᄒᆞ야證言을要ᄒᆞᆯ時에其住所或所在地裁判所에셔訊問ᄒᆞᆯ지며其他證言을拒絶ᄒᆞᆯ理由가有ᄒᆞᆫ者ᄂᆞᆫ其原因을疏明ᄒᆞ야訊問期日前에裁判所에提出ᄒᆞᆯ時ᄂᆞᆫ出頭의義務를免ᄒᆞᄂᆞ니左에證言을拒絶ᄒᆞᆯ境遇를略述ᄒᆞ건딘

(一)、證言을行ᄒᆞᆯ時ᄂᆞᆫ自己又ᄂᆞᆫ特別關係가有ᄒᆞᆫ者의게不利益이有ᄒᆞᆫ時

甲、原告或被告又其配偶者와親族된時但姻族에對ᄒᆞ야ᄂᆞᆫ

위에서 서술한 3개 사항은 일반적으로 증인의 의무로 성립하지만 법률 규정 또는 재판소 의견으로 출두의 의무를 면제할 수 있는데, 이와 같이 출두의 의무를 면제한 증인에 대하여 증언을 요하는 때에는 그 주소 또는 소재지 재판소에서 신문을 할 것이고, 기타 증언을 거절할 이유가 있는 자가 그 원인을 소명하여 신문 기일 전에 재판소에 제출하는 때는 출두의 의무를 면한다. 아래에서 증언을 거절할 수 있는 경우를 약술한다.

① 증언을 행하는 경우 자기 또는 특별관계가 있는 자에게 불이익이 있는 때

甲. 원고 및 피고 또는 그 배우자와 친족이 되는 때, 다만 인척에 대해서는

婚姻이解除된時라도亦同ᄒᆞᆷ

乙、原告又ᄂᆞᆫ被告의後見을受ᄒᆞᄂᆞᆫ者

丙、原告或被告와同居ᄒᆞᄂᆞᆫ者又ᄂᆞᆫ雇人으로此에使傭된者

(二)、證言을行ᄒᆞᆯ時ᄂᆞᆫ德義又ᄂᆞᆫ法律上義務와衝突ᄒᆞ야良心에違背될時

甲、官吏及公吏ᄂᆞᆫ現任及曾經을不問ᄒᆞ고其職務上默秘ᄒᆞᆯ義務가有ᄒᆞᆫ事情에關係된時

乙、醫士、藥商、穩婆、辯護士、公證人、神職及僧侶가其身分又ᄂᆞᆫ職業을因ᄒᆞ야委托을受ᄒᆞᆫ바事實도默秘ᄒᆞᆷ이可ᄒᆞᆫ事될時

혼인이 해제된 때라도 또한 동일함

乙. 원고 또는 피고의 후견을 받는 자

丙. 원고 또는 피고와 동거하는 자 또는 고용인으로 이에 사용(使傭)된 자

② 증언을 행할 시 은덕 또는 법률상 의무와 충돌하여 양심에 위배되는 때

甲. 관리 및 공리*가 현임 및 전임을 불문하고 그 직무상 묵비할 의무가 있는 사정에 관계되는 때

乙. 의사, 약상, 온파(산파), 변호사, 공증인, 신직 및 승려가 그 신분 또는 직업을 원인으로 하여 위탁을 받아 사실상 묵비하여야 하는 경우가 되는 때

* 관리가 아니면서도 나라의 일을 맡거나 공공단체의 사무를 맡아 처리하는 사람을 의미한다.

丙、證言ᄒᆞᆯ事項이自己又ᄂᆞᆫ特定人（一號에記載ᄒᆞᆫ人）의게
恥辱되며又ᄂᆞᆫ刑事上의問題를成ᄒᆞ거나直接으로財産權上
에損害가生ᄒᆞᆯ事될時

丁、證言ᄒᆞᆯ事項이自己의技術又ᄂᆞᆫ職業의秘密을公示치아니
ᄒᆞ면陳述ᄒᆞ기不能ᄒᆞᆯ時

右述ᄒᆞᆫ各項에該當ᄒᆞᆫ人은一般으로證言을拒絶ᄒᆞᆷ을得ᄒᆞ나然이
나如何ᄒᆞᆫ境遇던지拒絶ᄒᆞᆯ權이有ᄒᆞᆷ이아니오法律視定으로證言
을命ᄒᆞᆷ이有ᄒᆞ니前記ᄒᆞᆫ一項甲號에記載ᄒᆞᆫ人과二項丙號末段境
遇에該當ᄒᆞᆫ人은左開事項에對ᄒᆞ야證言ᄒᆞᆯ義務가有ᄒᆞ니

一、家族의出産、婚姻又ᄂᆞᆫ死亡

丙. 증언할 사항이 자기 또는 특정인(1호에 기재한 사람)에게 치욕이 되거나 형사상 문제를 일으키거나 직접적으로 재산권상의 손해가 생기는 경우가 되는 때

丁. 증언할 사항이 자기의 기술 또는 직업의 비밀을 공개하지 아니하면 진술할 수 없는 때

위에서 서술한 각 항에 해당하는 사람은 일반적으로 증언을 거절할 수 있으나, 어떤 경우에도 거절할 권리가 있다는 것은 아니고 법률 규정에 따라 증언을 명하는 경우가 있는데, 앞에서 적은 1항 갑호에 기재한 사람과 2항 병호 말단의 경우에 해당하는 사람은 아래에 기재하는 사항에 대하여 증언할 의무가 있다.

① 가족의 출산, 혼인 또는 사망

二、家族關係로因ᄒᆞ야生ᄒᆞᆫ財産事件에關ᄒᆞᆫ事實
三、證人으로立會ᄒᆞᆫ바境遇에生ᄒᆞᆫ法律行為의成立及其趣旨
四、原告或被告의前主又代理人으로係爭權利關係에對ᄒᆞ야行ᄒᆞᆫ行為

尚且二項甲、乙號에該當ᄒᆞᆫ人이라도其默秘의義務를免除ᄒᆞᆫ時ᄂᆞᆫ證言을拒絶ᄒᆞᆷ을不得ᄒᆞᄂᆞᆫ바ㅣ라

第三、證人訊問의方法　證人을訊問ᄒᆞᆷ에當ᄒᆞ야前述ᄒᆞᆷ과如히訊問前에宣誓를命ᄒᆞᆷ과訊問後에宣誓를命ᄒᆞᆷ이有ᄒᆞ며專혀宣誓를命치아니ᄒᆞᆷ이有ᄒᆞᄂᆞ니其宣誓를命ᄒᆞᆫ境遇에在ᄒᆞ야ᄂᆞᆫ裁判官은宣誓及訊問前에僞證ᄒᆞᆷ이不可云云의旨를告諭ᄒᆞᄂᆞᆫ바ㅣ라

② 가족관계로 인하여 생긴 재산사건에 관한 사실
③ 증인으로 입회한 경우에 생기는 법률행위의 성립 및 그 취지
④ 원고 또는 피고의 전주 또는 대리인으로 계쟁권리관계에 대하여 행한 행위

또한 2항 갑·을호에 해당하는 사람이라도 그 묵비의 의무를 면제한 때는 증언을 거절할 수 없다.

III. 증인신문의 방법

증인을 신문함에 있어 전술한 바와 같이 신문 전에 선서를 명하는 경우와 신문 후에 선서를 명하는 경우가 있으며, 전혀 선서를 명하지 아니하는 경우가 있다. 그 선서를 명할 경우에 있어서는 재판관은 선서 및 신문 전에 위증이 불가하다는 취지를 알려야 한다.

然而證人의訊問은其姓名、職業、身分、年齡其他事情을質問ᄒᆞᆫ後에開始ᄒᆞ며且數人의證人에對ᄒᆞ야ᄂᆞᆫ各別히訊問ᄒᆞᆯ지니即一人式法庭에呼上ᄒᆞᆯ지며同一事項에對ᄒᆞᄂᆞᆫ各個의證言이矛盾되ᄂᆞᆫ時ᄂᆞᆫ互相對質을命ᄒᆞᄂᆞᆫ바오且證言을命ᄒᆞᆷ에其事項을表示ᄒᆞ야此에牽連ᄒᆞᆫ바口頭의供述을命ᄒᆞᄂᆞᆫ바ㅣ니是以로其供述은明瞭又ᄂᆞᆫ完全케ᄒᆞ며證人의其事實을知得ᄒᆞᆫ原因을探知ᄒᆞᆯ必要가有ᄒᆞᆫ時ᄂᆞᆫ發問ᄒᆞᆷ을得ᄒᆞᄂᆞ니此發問權은原則으로裁判長의게在ᄒᆞ나必要ᄒᆞᆫ境遇에陪席判事도行ᄒᆞ며但當事者ᄂᆞᆫ證人의게對ᄒᆞ야直接發問ᄒᆞᆷ을不得ᄒᆞᆷ으로發問ᄒᆞᆯ必要가有ᄒᆞᆫ時ᄂᆞᆫ、裁判長을經由ᄒᆞ야發問ᄒᆞᄂᆞᆫ바ㅣ라然而裁判長及陪席判事의發問과當事者請求에

증인의 신문은 그 성명, 직업, 신분, 연령 기타 사정을 질문한 후에 개시하며, 또한 수인의 증인에 대하여는 각각 별도로 신문을 한다. 즉, 1인씩 법정으로 부르며, 동일사항에 대한 각개의 증언이 모순될 때는 상호 대질을 명한다. 또한 증언을 명하면서 그 사항을 표시하여 이와 관련하여 구두의 진술을 명한다. 이로써 그 진술을 명료 또는 완전하게 하며, 증인이 그 사실을 알게 된 원인을 탐지할 필요가 있는 때에는 질문할 수 있다. 이러한 질문권은 원칙적으로 재판장에게 있으나 필요한 경우에는 배석판사도 행하며, 다만 당사자는 증인에 대하여 직접 질문하지 못하므로 질문할 필요가 있는 때는 재판장을 경유하여 질문할 수 있다. 재판장 및 배석판사의 질문과 당사자 청구에

基因ᄒᆞᄂᆞᆫ發問을不問ᄒᆞ고此에對ᄒᆞ야異議의申提가有ᄒᆞᆫ時ᄂᆞᆫ裁判所ᄂᆞᆫ即地此를決定ᄒᆞᆯ지며且證人의供述은其全部를調書에記錄ᄒᆞᄂᆞᆫ바ㅣ다

第二項 鑑定

鑑定은特別智識을有ᄒᆞᆫ者의意見으로ᄡᅥ證明事項을保助ᄒᆞᄂᆞᆫ方法이니此에供用되ᄂᆞᆫ者ᄂᆞᆫ鑑定人이라云ᄒᆞᄂᆞᆫ바ㅣ니左에略述ᄒᆞ노라

第一、鑑定人의意義及其性質 鑑定人은裁判官이指示ᄒᆞᆫ材料에就ᄒᆞ야自己의特殊ᄒᆞᆫ智識에基因ᄒᆞ야供述ᄒᆞᄂᆞᆫ第三者를云ᄒᆞᆷ이니凡訴訟事件에對ᄒᆞ야事實을認定ᄒᆞᆷ은裁判官職務에屬ᄒᆞᆷ으로第三者의意見을不要ᄒᆞᆯ지나某境遇에在ᄒᆞ야ᄂᆞᆫ特別技能을

기인하는 질문을 불문하고 이에 대해 이의 신청이 있는 때는 재판소는 즉시 이를 결정하여야 하며 또한 증인의 진술은 그 전부를 조서에 기재하여야 한다.

제2항 감정

감정은 특별한 지식을 가진 사람의 의견으로써 증명사항을 보조하는 방법이고 이에 사용되는 자를 감정인이라 말한다. 아래에서 약술한다.

I. 감정인의 의의 및 그 성질

감정인은 재판관이 지시한 재료에 관해 자기의 특수한 지식에 기인하여 진술하는 제3자를 말한다. 일반적으로 민사사건에 대하여 사실을 인정하는 것은 재판관의 직무에 속하므로 제3자의 의견을 필요로 하지 않지만, 어떤 경우에는 특별한 기능을

要ᄒᆞᆯ지니譬컨딕二個證書의筆蹟及印影에對ᄒᆞ야爭論이有ᄒᆞᆫ時에其同一ᄒᆞᆫ與否ᄅᆞᆯ判斷ᄒᆞᆷ은普通의智識으로不能ᄒᆞᆫ바ㅣ니是ᄂᆞᆫ鑑定의必要가生ᄒᆞᆫ所ㅣ니라

如斯히鑑定人은裁判官의保助者됨으로鑑定은證據되ᄂᆞᆫ與否에對ᄒᆞ야議論이頗有ᄒᆞ야或은證據된다云ᄒᆞ며或은證據가아니라云ᄒᆞ며又或은申提의依ᄒᆞᄂᆞᆫ鑑定은證據ᄅᆞᆯ成ᄒᆞ되職權의依ᄒᆞᄂᆞᆫ鑑定은證據가아니라云ᄒᆞ나今에日本民事訴訟法을據ᄒᆞᆫ건딕鑑定에對ᄒᆞ야特別ᄒᆞᆫ規定이有ᄒᆞᆫ境遇ᄅᆞᆯ除ᄒᆞᆫ外에ᄂᆞᆫ證人에關ᄒᆞᆫ規定을準用케ᄒᆞ얏스며且鑑定의申提ᄂᆞᆫ廣義의證據方法으로認ᄒᆞᆯ뿐아니라證據原因을提出ᄒᆞᄂᆞᆫ手段의一種이라云ᄒᆞᆯ時ᄂᆞᆫ鑑定으

필요로 하는데, 예컨대 2개 증서의 필적 및 인영에 대하여 다툼이 있는 때에 그것이 동일한 지 여부를 판단하는 것은 보통의 지식으로는 불가능하므로, 이는 감정의 필요가 생기는 이유이다.

이와 같이 감정인은 재판관의 보조자가 되므로 감정이 증거가 되는지 여부에 대하여 논의가 꽤 있는데, 혹은 증거가 된다고 하고, 혹은 증거가 아니라고 하며 또 혹은 신청에 의하는 감정은 증거가 되지만 직권에 의한 감정은 증거가 아니라고 한다. 현재의 일본 민사소송법을 예로 들면 감정에 대하여 특별한 규정이 있는 경우를 제외하고는 증인에 관한 규정을 준용하도록 하고 있으며 또한 감정의 신청은 넓은 의미의 증거방법으로 인정될 뿐 아니라 증거원인을 제출하는 수단의 일종이라고 말할 때는 감정을

로證據의一種이라云홈이妥當ᄒᆞ도다

第二、鑑定人의義務 鑑定人의義務는證人의義務와如히公法上의義務나然이나特別智能을有홈은一般人民의可能ᄒᆞᆫ事가아니니從ᄒᆞ야一般人民은鑑定義務를負홈이無홈으로法律에其義務를負ᄒᆞᆫ者를規定ᄒᆞ니今에日本民事訴訟法第三三六條를擧ᄒᆞᆫ건ᄃᆡ

(一) 某必要ᄒᆞᆫ特種(種類)의鑑定을行ᄒᆞ기爲ᄒᆞ야公然히任命된者

(二) 鑑定을行홈에必要ᄒᆞᆫ學術技藝又職業에從事ᄒᆞ거나學術、技藝又職業에從事홈은因ᄒᆞ야公然히任命或授權된者

(三) 以上二項以外에一般人民이라도裁判所에出頭ᄒᆞ야鑑定을

증거의 일종이라고 말하는 것도 타당하다.

II. 감정인의 의무

감정인의 의무는 증인의 의무와 같이 공법상의 의무이지만 특별한 지능이 있어야 함은 일반 인민에게는 가능한 것이 아니다. 따라서 일반 인민은 감정의무를 부담하지 않으므로 법률에 그 의무를 부담하는 자를 규정하고 있다. 현재의 일본 민사소송법 제326조를 예로 들면,

① 어떤 필요한 종류의 감정을 행하기 위하여 공연히 임명된 사람

② 감정을 행함에 필요한 학술기예 또는 직업에 종사하거나, 학술기예 또는 직업에 종사함을 원인으로 하여 공연히 임명 또는 수권된 사람

③ 이상의 2항 이외에 일반 인민이라도 재판소에 출두하여 감정할

旨를供述ᄒᆞᆫ者

右等人員이라도證人이證言을拒絶ᄒᆞᆷ을得ᄒᆞᆷ과同一ᄒᆞᆫ原因이有
ᄒᆞᆫ時ᄂᆞᆫ鑑定을拒絶ᄒᆞᆷ을得ᄒᆞ나然ᄒᆞ나鑑定을行ᄒᆞᆯ義務가有ᄒᆞᆫ
人이相當ᄒᆞᆫ理由가無ᄒᆞ고其義務를不盡ᄒᆞᆫ時ᄂᆞᆫ強制ᄒᆞᄂᆞᆫ方法이
有ᄒᆞᄂᆞ니即其義務를履行치아니ᄒᆞᆷ을因ᄒᆞ야生ᄒᆞᆫ費用의賠償
及罰金을科ᄒᆞᆷ과如ᄒᆞᆷ이是라但鑑定人은證人과如히一定ᄒᆞᆫ人을要
ᄒᆞᆷ이아니므로拿引과如ᄒᆞᆷ은鑑定人의게加치아니ᄒᆞᄂᆞᆫ바ㅣ며其
他鑑定人이義務를盡ᄒᆞᆫ時ᄂᆞᆫ國庫에對ᄒᆞ야旅費、日當、先下
金等을請求ᄒᆞᆷ을得ᄒᆞᄂᆞᆫ바ㅣ라

第三、鑑定의節次　前述ᄒᆞᆷ과如히鑑定人은裁判官의不足ᄒᆞᆫ智識

뜻을 진술한 사람

위에서 말한 사람들이라도 증인이 증언을 거절할 수 있는 경우와 동일한 원인이 있는 때에는 감정을 거절할 수 있다. 그러나 감정을 행할 의무가 있는 사람이 상당한 이유 없이 그 의무를 다하지 아니하는 때에는 강제하는 방법이 있다. 즉, 그 의무를 이행하지 아니함을 원인으로 하여 생긴 비용의 배상 및 벌금을 과하는 것과 같은 것이다. 다만 감정인은 증인과 같이 일정인일 필요가 없기 때문에 나인(구인)과 같은 것은 감정인에게 가할 수 없다. 그 밖에 감정인이 의무를 다한 때에는 국고에 대하여 여비, 일당, 선하금(선급금) 등을 청구하는 것이 가능하다.

III. 감정의 절차

앞에서 서술한 바와 같이 감정인은 재판관의 부족한 지식

을補充ᄒᆞᄂᆞᆫ者됨으로當事者의申提가有ᄒᆞᆫ時ᄂᆞᆫ勿論ᄒᆞ고申提가
無ᄒᆞᆯ지라도職權으로此를命ᄒᆞᆷ을得ᄒᆞᄂᆞᆫ바ㅣ라然而當事者가申提ᄒᆞᆫ時
ᄂᆞᆫ鑑定ᄒᆞᆯ事務를表示ᄒᆞᆯ섚이오鑑定人의指示를不要ᄒᆞᄂᆞ니故로
鑑定人의選定及員數의指定에至ᄒᆞ야ᄂᆞᆫ裁判所意見에一任ᄒᆞᆷ이
本則이며當事者ᄂᆞᆫ証人을忌避ᄒᆞᆷ과同一ᄒᆞᆫ理由로써此를忌避
ᄒᆞᆷ을得ᄒᆞ며且裁判所에셔適當ᄒᆞᆫ鑑定人을選定ᄒᆞ기不能ᄒᆞᆫ時ᄂᆞᆫ
當事者로ᄒᆞ야곰指定케ᄒᆞ며當事者의合意를因ᄒᆞ야一定ᄒᆞᆫ鑑定
人을選定ᄒᆞᆫ時ᄂᆞᆫ仍ᄒᆞ야此를任命ᄒᆞᄂᆞ니是ᄂᆞᆫ不干涉主義에結果되
ᄂᆞᆫ所以ㅣ라然이나其員數에至ᄒᆞ야ᄂᆞᆫ當事者合意를不拘ᄒᆞ고裁
判所가制限ᄒᆞᆷ을得ᄒᆞᄂᆞᆫ바ㅣ라

을 보충하는 자이므로 당사자의 신청이 있는 경우는 물론이고 신청이 없는 경우에도 직권으로 이를 명할 수 있다. 당사자가 신청하는 때에는 감정할 사무를 표시할 뿐이고 감정인을 지정할 필요는 없다. 따라서 감정인의 선정 및 그 인원수의 지정에 관해서는 재판소의 의견에 일임하는 것이 원칙이며, 당사자는 증인을 기피하는 경우와 동일한 이유로 이를 기피할 수 있다. 또한 재판소에서 적당한 감정인을 선정하는 것이 불가능한 때는 당사자로 하여금 지정하도록 하며, 당사자의 합의에 따라 일정한 감정인을 선정하는 때는 또한 이를 임명한다. 이는 불간섭주의의 결과이다. 그러나 그 인원수에 관해서는 당사자의 합의에도 불구하고 재판소가 제한할 수 있다.

鑑定을命ᄒᆞᆷ에ᄂᆞᆫ決定으로行ᄒᆞᄂᆞ니 一般證據決定에關ᄒᆞᆫ法則을從ᄒᆞᆯ지며且鑑定人의게對ᄒᆞ야ᄂᆞᆫ證據調查期日을定ᄒᆞ야呼出ᄒᆞᄂᆞ니其呼出狀에ᄂᆞᆫ鑑定人及當事者의表示、鑑定ᄒᆞᆯ事項의表示、鑑定人의出頭ᄒᆞᆯ處所、期日、裁判所의名稱等을記載ᄒᆞ야送達ᄒᆞᄂᆞᆫ바ㅣ라

鑑定人이期日에出頭ᄒᆞᆫ時ᄂᆞᆫ公平且誠實히鑑定人의義務를履行ᄒᆞᆯ旨를宣示케ᄒᆞᆫ後에鑑定ᄒᆞᆯ事項을指示ᄒᆞᄂᆞᆫ바ㅣ며鑑定人의意見은口頭或書面으로陳述ᄒᆞᆯ事를決定ᄒᆞ야此를鑑定人의게命ᄒᆞ며尚且數人의鑑定人이有ᄒᆞᆫ時에其鑑定書를各別或共同히作成ᄒᆞᆯ與否를定ᄒᆞ야鑑定을命ᄒᆞ며鑑定人總員又ᄂᆞᆫ一員으로

감정을 명함에 있어서는 결정으로 행하는데, 일반 증거 결정에 관한 법칙을 따르며 또한 감정인에 대하여는 증거 조사 기일을 정하여 호출한다. 그 호출장에는 감정인 및 당사자의 표시, 감정할 사항의 표시, 감정인이 출두할 장소, 기일, 재판소의 명칭 등을 기재하여 송달한다.

감정인이 기일에 출두할 때에는 공평하고 성실하게 감정인의 의무를 이행한다는 취지를 선언하게 한 후에 감정할 사항을 지시한다. 감정인의 의견은 구두 또는 서면으로 진술할 것을 결정하여 이를 감정인에게 명하며 또한 수인의 감정인이 있는 때에는 그 감정서를 개별적으로 또는 공동으로 작성하는지 여부를 정하여 감정을 명하며, 감정인 전체 또는 1인으로

ᄒᆞ야吾口頭辯論에立會ᄒᆞ야鑑定書를說明케ᄒᆞᄂᆞᆫ與否를定ᄒᆞ야此를命ᄒᆞᆷ을得ᄒᆞᄂᆞ니此等節次를経ᄒᆞ야鑑定이終了ᄒᆞᆫ後에尚且充分치못ᄒᆞᆷ으로認ᄒᆞᄂᆞᆫ時ᄂᆞᆫ同一人或別異人의鑑定을命ᄒᆞᆷ을得ᄒᆞᄂᆞᆫ바ㅣ라

鑑定ᄒᆞᆯ物이受訴、裁判所以外地에在ᄒᆞ야此를移來ᄒᆞ기不能ᄒᆞᆫ時ᄂᆞᆫ受命判事又ᄂᆞᆫ受托判事로ᄒᆞ야곰鑑定人을任命케ᄒᆞᄂᆞ니此境遇에在ᄒᆞᆫ受命、受托의判事ᄂᆞᆫ鑑定人의宣誓或供述을拒絶ᄒᆞᄂᆞᆫ境遇의裁判을除ᄒᆞᆫ外에總히受訴裁判所와同一ᄒᆞᆫ權을有ᄒᆞᆫ바ㅣ라

第三項 書證

하여금 구두변론에 입회하여 감정서를 설명하도록 하는지 여부를 정하여 이를 명할 수 있다. 이들 절차를 거쳐 감정이 종료한 후에 아직 충분하지 못한 것으로 인정되는 때에는 동일인 또는 다른 사람의 감정을 명할 수 있다.

감정할 물건이 수소재판소 이외의 지역에 있어 이를 이전하는 것이 불가능한 때에는 수명판사 또는 수탁판사로 하여금 감정인을 임명하도록 한다. 이러한 경우에 있어 수명·수탁의 판사는 감정인이 선서 또는 진술을 거절하는 경우의 재판을 제외하고 모두 수소재판소와 동일한 권능을 가진다.

제3항 서증

書證은書類로써係爭事實을證明ᄒᆞᄂᆞᆫ一方法이오此에供用되ᄂᆞᆫ書類를證書라云ᄒᆞᄂᆞ니左에略述ᄒᆞ노라

第一 證書의意義及種類

證書ᄂᆞᆫ一個書面이니其內容卽趣旨에依ᄒᆞ야訴訟上證據方法으로直接使用되ᄂᆞᆫ書面을謂ᄒᆞᆷ이라然而書面은一般使用ᄒᆞᄂᆞᆫ符號로써吾人의意思又ᄂᆞᆫ思想을記載ᄒᆞᆫ物件이니其物質及作成方法의何者됨을不問ᄒᆞ고摠히人의思想을一般認識ᄒᆞᆯ程度로써表彰ᄒᆞᆫ者됨을要ᄒᆞᆷ으로一般使用치아니ᄒᆞᄂᆞᆫ符號로써思想을記載ᄒᆞᆫ物件은書面이아니니譬컨ᄃᆡ他人이了解ᄒᆞ기不能ᄒᆞᆫ事蹟의紀念又ᄂᆞᆫ權利의表徵을爲ᄒᆞ야作成ᄒᆞᆫ標券、界標等은吾人의思想을表彰ᄒᆞᆫ바됨을不拘ᄒᆞ고書面

서증은 서류로써 계쟁사실을 증명하는 하나의 방법이고 이에 사용되는 서류를 증서라 부른다. 아래에서 약술하고자 한다.

I. 증서의 의의 및 종류

증서는 1개의 서면이고, 그 내용, 즉 취지에 의하여 소송상 증거방법으로 직접 사용되는 서면을 말한다. 나아가 서면은 일반적으로 사용하는 부호로써 우리들의 의사 또는 사상을 기재하는 물건이며, 그 물질 및 작성방법이 어떤 것인지를 불문하고 모두 사람의 사상을 일반적으로 인식할 정도로 표창할 것을 요하므로, 일반적으로 사용하지 아니하는 부호로 사상을 기재한 물건은 서면이 아니다. 예컨대 타인이 이해할 수 없는 공적의 기념 또는 권리의 증명을 위해 작성된 표권(標劵), 계표(界標: 경계표) 등은 우리들의 사상을 표창하는 것임에도 불구하고 서면되ᄂᆞᆫ性質이無ᄒᆞᆷ으로從ᄒᆞ야證書되ᄂᆞᆫ性質이無ᄒᆞ나然이나書面이아닌物件이라도吾人의意思又ᄂᆞᆫ思想을表彰ᄒᆞᆫ바物品은書面과無異(類似)ᄒᆞᆷ으로此等物品은訴訟上證據方法으로使用ᄒᆞᆯ時ᄂᆞᆫ證書에關ᄒᆞᆫ規定을準用케ᄒᆞᄂᆞ니是ᄂᆞᆫ日本民事訴訟法第三五六條에明示ᄒᆞᆫ바ㅣ라

證書ᄂᆞᆫ其作成者의如何ᄅᆞᆯ依ᄒᆞ야公正證書、私署證書의二種으로區別ᄒᆞᄂᆞ니

一、公正證書ᄂᆞᆫ處所及證書의性質並證書에關係된人에對ᄒᆞ야管轄權이有ᄒᆞᆫ官吏、公吏가法律에定ᄒᆞᆫ方式을從ᄒᆞ야作成ᄒᆞᆫ證書ᄅᆞᆯ謂ᄒᆞᆷ이니譬컨ᄃᆡ公證人이其職權內에셔公證人規

이 되는 성질이 없고 따라서 증서가 되는 성질이 없다. 그러나 서면이 아닌 물건이라도 우리들의 의사 또는 사상을 표창하는 물품은 서면과 유사하므로 이들 물품을 소송상 증거방법으로 사용하는 때에는 증서에 관한 규정을 준용하도록 한다. 이는 일본 민사소송법 제356조에 명시되어 있다.

증서는 그 작성자가 누구인지에 의하여 공정증서, 사서증서의 2종류로 구별된다.

① 공정증서는 장소 및 증서의 성질 그리고 증서에 관계된 사람에 대하여 관할권이 있는 관리·공리가 법률에서 정한 방식에 따라 작성한 증서를 말한다. 예컨대 공증인이 그 직권 내에서 공증인 규

則又ᄂᆞᆫ方式을從ᄒᆞ야作成ᄒᆞᆫ證書其他裁判所書記가作成ᄒᆞᆫ辯論調書及執達吏가作成ᄒᆞᆫ執行調書等이是니要컨ᄃᆡ公正證書ᄂᆞᆫ其職權이有ᄒᆞᆫ官吏或公吏가其管轄內에셔法律에定ᄒᆞᆫ바方式을從ᄒᆞ야作成ᄒᆞᆫ書面이라云ᄒᆞᆫ지라

二、私署證書ᄂᆞᆫ一私人이作成ᄒᆞᆫ證書니其如何ᄒᆞᆫ目的、如何ᄒᆞᆫ方式으로作成홈을不問ᄒᆞ고總히一私人手記에出ᄒᆞᆫ者를謂홈이라

然而是等證書ᄂᆞᆫ原本及謄本의區別이有ᄒᆞ니原本은其基礎될書面即原書譬如訴訟記錄에編入ᄒᆞᆫ裁判所上調書가是오謄本은原本에依ᄒᆞ야謄寫ᄒᆞᆫ書面을謂홈이며謄本은更分ᄒᆞ야正本、

칙 또는 방식에 따라 작성한 증서, 기타 재판소 서기가 작성한 변론조서 및 집달리가 작성한 집행조서 등이다. 요컨대 공정증서는 그 직권이 있는 관리 또는 공리가 그 관할 내에서 법률에 정한 방식에 따라 작성한 서면이라고 할 것이다.

② 사서증서는 어떤 한 사인이 작성한 증서이며, 어떤 목적, 어떤 방식으로 작성하였는지를 불문하고 모두 어떤 한 사인의 수기로 나온 것을 말한다.

이들 증서는 원본 및 등본의 구별이 있다. 원본은 그 기초가 되는 서면, 즉 원서, 예를 들면 소송기록에 편입되어 있는 재판상의 조서가 이것이며, 등본은 원본에 의하여 등사된 서면을 말한다. 등분을 다시 나누면, 정본,

認證謄本、單純謄本、抄本의四種이有ᄒᆞ니正本은法律上作成ᄒᆞᆫ權이有ᄒᆞᆫ者가法律規定을從ᄒᆞ야作成ᄒᆞᆫ바謄本으로原本과同一ᄒᆞᆫ効力이有ᄒᆞᆫ바ㅣ라故로原本은權利交通上使用ᄒᆞ기爲ᄒᆞ야作成ᄒᆞᆫ바ㅣ아니오正本作成의基礎를作ᄒᆞ야正本을依ᄒᆞ야行動ᄒᆞᆷ을得ᄒᆞ는바ㅣ며認證謄本은原本과符合ᄒᆞᆫ事를公證ᄒᆞᆫ바謄本이니其公證이有ᄒᆞᆫ點에在ᄒᆞ야는正本과無異ᄒᆞ나其正本과如ᄒᆞᆫ方式을不要ᄒᆞ는點에在ᄒᆞ야는正本과不同ᄒᆞᆫ바ㅣ며單純謄本은原本과符合ᄒᆞᆷ을公證ᄒᆞᆷ이無ᄒᆞᆫ者를謂ᄒᆞᆷ이오抄本은原本의一部分을抄出ᄒᆞᆫ바를云ᄒᆞᆷ이며當且證書에는其記載事項의趣旨即內容을因ᄒᆞ야權利効果를表現ᄒᆞ는證書와單히報告ᄒᆞᆷ에無

인증등본, 단순등본, 초본의 4종류가 있다. 정본은 법률상 작성권한을 가지는 자가 법률 규정에 따라 작성한 등본으로 원본과 동일한 효력이 있다. 그러므로 원본은 권리 교통상의 사용을 위하여 작성된 것이 아니고 정본 작성의 기초를 이루어 정본에 의하여 행동할 수 있다. 인증등본은 원본과 부합하는 내용을 공증하는 등본이며, 그 공증이 있다는 점에서 정본과 다름이 없으나 그 정본과 같은 방식을 요하지 않는다는 점에서는 정본과 다르다. 단순 등본은 원본과 부합한다는 것을 공증함이 없는 것을 말하며, 초본은 원본의 일부분을 베낀 것을 말한다. 또한 증서에는 그 기재사항의 취지, 즉 내용에 근거하여 권리 효과를 표현하는 증서와 단순히 보고하는 것에 불

過ᄒᆞᆫ證書等이有ᄒᆞ니前者ᄂᆞᆫ權利ᄅᆞᆯ證明케ᄒᆞᆫ事實의記載가有ᄒᆞᆫ證書譬如官廳의命令書、遺言書、契約書等이是오後者ᄂᆞᆫ權利上又ᄂᆞᆫ事實上의關係ᄅᆞᆯ關係人의게報告ᄒᆞᄂᆞᆫ書面譬如自白書、證明書等이是라

第二 證書의効力

證書에依ᄒᆞᄂᆞᆫ證據方法은證書의謄本을提出ᄒᆞᆷ이本則이니其證據力은眞正ᄒᆞᆫ事ᄅᆞᆯ裁判官의게開示ᄒᆞᆫ바記事가判斷ᄒᆞᆯ材料ᄅᆞᆯ作ᄒᆞᆫ限度에依ᄒᆞ야其効力이相異ᄒᆞ니即證書의形式이眞正ᄒᆞᆫ時ᄂᆞᆫ形式上證據力이生ᄒᆞ며證書의記事가判斷의材料ᄅᆞᆯ成ᄒᆞᆫ時ᄂᆞᆫ實體上證據力이生ᄒᆞᄂᆞᆫ바ㅣ라然而形式上證據力眞否에對ᄒᆞ야爭議가有ᄒᆞᆫ時ᄂᆞᆫ證書의種類ᄅᆞᆯ依ᄒᆞ

과한 증서 등이 있는데, 전자는 권리를 증명하는 사실의 기재가 있는 증서, 예컨대 관청의 명령서, 유언서, 계약서 등이며, 후자는 권리상 또는 사실상의 관계를 관계인에게 보고하는 서면, 예컨대 자백서, 증명서 등이다.

II. 증서의 효력

증서에 의하는 증거방법은 증서의 등본을 제출함이 원칙이고, 그 증거력은 진정한 것임을 재판관에게 밝히고 기재된 사실이 판단하는 재료가 되는 한도에 의하여 그 효력이 상이하다. 즉, 증서의 형식이 진정한 때에는 형식상 증거력이 생기며, 증서에 기재된 사실이 판단의 재료가 되는 때에는 실질상 증거력이 생긴다. 형식상 증거력의 진부에 대하여 다툼이 있는 때에는 증서의 종류에 의하

야擧證의責任이相異ᄒᆞᄂᆞ니

一、公正證書又ᄂᆞᆫ檢眞을經ᄒᆞᆫ私署證書에對ᄒᆞ야ᄂᆞᆫ僞造、變造의判决이有ᄒᆞ기ᄭᆞ지眞正ᄒᆞᆫ者로看做ᄒᆞᄂᆞ니故로此에對ᄒᆞ야僞造又ᄂᆞᆫ變造됨을主張ᄒᆞᄂᆞᆫ相對者ᄂᆞᆫ此를證明ᄒᆞᄂᆞᆫ責이有ᄒᆞᆫ바ㅣ며

二、一般私署證書에對ᄒᆞ야相對者가此를否認ᄒᆞᆫ時ᄂᆞᆫ其擧證者卽證書提出者ᄂᆞᆫ其眞正ᄒᆞᆫ事를證明ᄒᆞᄂᆞᆫ責이有ᄒᆞᄂᆞ니此境遇에在ᄒᆞ야ᄂᆞᆫ民法規定에違反지아니ᄒᆞᆷ을要ᄒᆞᄂᆞᆫ바ㅣ라

右等證書ᄂᆞᆫ形式上證據力이存在ᄒᆞᆷ으로認ᄒᆞᆫ時ᄂᆞᆫ實體上證據力有無에對ᄒᆞ야調査ᄒᆞᆷ을必要가有ᄒᆞᄂᆞ니公正證書ᄂᆞᆫ前述ᄒᆞᆷ

여 거증의 책임이 상이하다.

① 공정증서 또는 검진을 거친 사서증서에 대해서는 위조, 변조의 판결이 있을 때까지 진정한 것으로 간주된다. 따라서 이에 대하여 위조 또는 변조되었음을 주장하는 상대자는 이를 증명할 책임이 있다.

② 일반 사서증서에 대하여 상대자가 이를 부인하는 때에는 그 거증자, 즉 증서제출자는 그 진정함을 증명할 책임이 있다. 이 경우에 있어서는 민법 규정에 위반하지 아니할 것을 요한다.

위의 증서들은 형식상 증거력이 존재하는 것으로 인정되는 때에는 실질적 증거력 유무에 대하여 조사할 필요가 있다. 공정증서는 전술한 바과如히僞造、變造의判決、이無ᄒᆞ기ᄭᆞ지ᄂᆞᆫ完全ᄒᆞᆫ證據力이有ᄒᆞ나私署證書의證據力은裁判官判斷에一任ᄒᆞᆷ으로證書發行者가訴訟에關係ᄒᆞᆫ與否又ᄂᆞᆫ發行者의利益될事項이包含ᄒᆞᆫ與否ᄅᆞᆯ依ᄒᆞ야證據力을定ᄒᆞᆯ지며謄本의證據力에至ᄒᆞ야ᄂᆞᆫ正本은原本과同一ᄒᆞᆫ効力이有ᄒᆞ며認證謄本은原本과符合ᄒᆞᆫ旨를公證ᄒᆞᆫ바ㅣ됨으로亦ᄒᆞᆫ原本과同一ᄒᆞ며單純謄本은擧證者의相對者가此를認ᄒᆞ며又ᄂᆞᆫ原本과符合ᄒᆞᆫ事를證明ᄒᆞᆯ時에限ᄒᆞ야原本과同一ᄒᆞ며其他擧證者의相對者가證書를所持ᄒᆞᆫ事를自白ᄒᆞ고裁判所로브터其提出을命ᄒᆞᆫ境遇에此를提出치아니ᄒᆞᆫ時ᄂᆞᆫ擧證者가提出ᄒᆞᆫ謄本으로ᄡᅥ眞正ᄒᆞᆫ者로看做ᄒᆞᆷ이有ᄒᆞᆫ바ㅣ라

와 같이 위조·변조의 판결이 나오기 전까지는 완전한 증거력을 가지지만 사서증서의 증거력은 재판관의 판단에 일임하므로 증서발행자가 소송에 관계하는지 여부 또는 발행자의 이익이 되는 사항이 포함되어 있는지 여부에 의하여 증거력이 정해진다. 등본의 증거력에 관해서는, 정본은 원본과 동일한 효력을 가지며, 인증등본은 원본과 부합하는 취지를 공증한 것이므로 또한 원본과 동일하며, 단순등본은 거증자의 상대자가 인정하거나 또는 원본과 부합하는 것을 증명하는 때에 한하여 원본과 동일하며, 기타 거증자의 상대자가 증서를 소지한 것을 자백하고 재판소가 그 제출을 명한 경우에 이를 제출하지 아니하는 때에는 거증자가 제출한 등본으로써 진정한 것임을 간주할 수 있다.

如斯히原本은眞正完全ᄒᆞᆫ證據力이有ᄒᆞᆫ바ㅣ됨으로私署證書로證據를作코져ᄒᆞᆯ時ᄂᆞᆫ其原本의提出을命ᄒᆞᆷ이當然ᄒᆞᆷ과如ᄒᆞ나然ᄒᆞ이나其眞正ᄒᆞᆫ事實及記載文字가原本과同一ᄒᆞᆫ與否에對ᄒᆞ야相對者의爭詰이無ᄒᆞ고但證據力又記事解釋에就ᄒᆞ야爭議가有ᄒᆞᆫ時ᄂᆞᆫ原本의提出을命ᄒᆞᆯ必要가無ᄒᆞᆷ으로繕謄本의提出을命ᄒᆞᆯ뿐이며公正證書로써證據를作코져ᄒᆞᆯ時ᄂᆞᆫ其原本은官廳又ᄂᆞᆫ公吏의手에保存ᄒᆞᄂᆞᆫ者ㅣ됨으로當事者ᄂᆞᆫ此를提出ᄒᆞ기不能ᄒᆞᆷ이常則이니其正本又ᄂᆞᆫ認證謄本을提出ᄒᆞᆷ이普通이라然이나裁判所ᄂᆞᆫ必要로認ᄒᆞᆫ時에私署證書의原本、公正證書의正本을提出ᄒᆞᆷ을命ᄒᆞᆷ이有ᄒᆞ나是等命令에不從ᄒᆞᆯ

이와 같이 원본은 진정 완전한 증거력을 가지므로 사서증서를 증거로 삼고자 하는 때에는 그 원본의 제출을 명함이 당연하다. 그러나 그 진정한 사실 및 기재문자가 원본과 동일한지 여부에 대하여 상대자의 다툼이 없고, 다만 증거력 및 기재된 사항의 해석에 관해 다툼이 있는 때에는 원본의 제출을 명할 필요가 없으므로 등본의 제출을 명할 뿐이다. 공정증서를 증거로 하고자 하는 때에는 그 원본은 관청 또는 공리에 의해 보존되므로 당사자는 이를 제출하는 것이 불가능함이 일반적이므로 그 정본 또는 인증등본을 제출하는 것이 보통이다. 그러나 재판소는 필요하다고 인정하는 때에는 사서증서의 원본, 공정증서의 정본을 제출하도록 명하는데, 이러한 명령에 따르지 아니하는

時는旣히提出한證書에對하야證據力을定하는바ㅣ라

第三、證書提出의義務 證書提出의義務는證言의義務와如히一般國民의義務가아님으로法律에特別視定이有함을要하나니今에日本民事訴訟法第三三六條를擧하건되

一、擧證者가民法視定을從하야訴訟外에在하야도證書의交付又는提出을要求함을得한時는其相對者는證書提出의義務를負하나니譬컨되債權의讓渡及賣買等境遇에對하야訴訟이有한時는擧證者의相對者는其證書를提出하는義務가有함과如하며

二、證書가其趣旨에依하야擧證者及相對者의게權利義務가共

때에는 이미 제출한 증서에 대하여 증거력을 정하게 된다.

III. 증서제출의 의무

증서제출의 의무는 증언의 의무와 같은 일반 국민의 의무가 아니므로 법률에 특별 규정이 있을 것을 요한다. 현재의 일본 민사소송법 제336조를 든다.

① 거증자가 민법 규정에 따라 소송 외에서도 증서의 교부 또는 제출을 요구할 수 있는 때에는 그 상대자는 증서제출의 의무를 부담한다. 예컨대 채권의 양도 및 매매 등의 경우에 대하여 소송이 있는 경우 거증자의 상대자는 그 증서를 제출할 의무가 있는 것이다.

② 증서가 그 취지에 의하여 거증자 및 상대자에게 권리 의무가 공

通될時는擧證者의相對者는其證書를提出ᄒᆞᄂᆞᆫ義務가有ᄒᆞ니譬컨ᄃᆡ一通의契約證書로써數人의契約이成立ᄒᆞᆫ時는各當事者는此를使用ᄒᆞᄂᆞᆫ權利가有ᄒᆞᆫ境遇와如ᄒᆞᆷ이是라

以上二個境遇에在ᄒᆞ야는相對者는證書提出의義務가常有ᄒᆞ며其他準備書面又는口頭辯論에在ᄒᆞ야證書를引用ᄒᆞᆫ時及裁判所에提出ᄒᆞᆫ證書를相對者의承諾이無ᄒᆞ고取下ᄒᆞᆫ時에相對者의申提가有ᄒᆞᆫ時는此를提出ᄒᆞᄂᆞᆫ義務가有ᄒᆞᆫ바ㅣ라

如斯히證書提出의義務가有ᄒᆞᆫ者ㅣ其義務를履行치아니ᄒᆞᆫ時는此를強制ᄒᆞᄂᆞᆫ方法이無치못ᄒᆞᆫ지니當事者가證書를持ᄒᆞᆫ境遇에其提出을拒絶ᄒᆞᆫ時는擧證者의提出ᄒᆞᆫ謄本을正當ᄒᆞᆷ으로着

통될 때는 거증자의 상대자는 그 증서를 제출할 의무가 있다. 예컨대 한 통의 계약증서로써 수인의 계약이 성립한 때는 각 당사자는 이를 사용할 권리가 있는 경우와 같은 경우이다.

이상의 두 개의 경우에 있어서 상대자는 증서제출의 의무가 항상 있으며, 기타 준비서면 또는 구두변론에서 증서를 인용한 때 및 재판소에 제출한 증서를 상대자의 승낙 없이 취하한 때에는 상대자의 신청이 있으면 이를 제출할 의무가 있다.

이와 같이 증서제출의 의무가 있는 자가 그 의무를 이행하지 아니하는 때에는 이를 강제하는 방법이 없지 않다. 당사자가 증서를 가지고 있는 경우에 그 제출을 거절하는 때는 거증자가 제출한 등본을 정당한 것으로 간

做ᄒᆞ며謄本의提出이無ᄒᆞᆫ時ᄂᆞᆫ裁判所의意見으로써擧證者의主張事實을正當홈으로認定ᄒᆞ며第三者가證書ᄅᆞᆯ持ᄒᆞᆫ境遇에其提出ᄋᆞᆯ拒絶ᄒᆞᆫ時ᄂᆞᆫ普通訴訟節次ᄅᆞᆯ依ᄒᆞ야强制執行의方法으로其提出ᄋᆞᆯ强制ᄒᆞᄂᆞᆫ바ㅣ라

第四、證書에依ᄒᆞᄂᆞᆫ證據調査의節次

證書에依ᄒᆞᄂᆞᆫ證據調査節次ᄂᆞᆫ證書의提出ᄋᆞᆯ依ᄒᆞ야行ᄒᆞ나然이나證書의所持者가擧證者됨과相對者됨과又ᄂᆞᆫ第三者됨을依ᄒᆞ야節次가相異ᄒᆞᄂᆞ니擧證者가證書ᄅᆞᆯ自持ᄒᆞᆫ境遇에在ᄒᆞ야ᄂᆞᆫ口頭辯論에在ᄒᆞ야證書ᄅᆞᆯ提出ᄒᆞ고此에依ᄒᆞ야陳述홈이本則이나若證書ᄅᆞᆯ提出ᄒᆞᆫ진ᄃᆡ毁損或紛失홀憂慮가有ᄒᆞ거나現著ᄒᆞᆫ障碍가有홀時ᄂᆞᆫ受命判事、

주하며, 등본의 제출이 없는 때에는 재판소의 의견으로써 거증자의 주장사실을 정당한 것으로 인정하며, 제3자가 증서를 가지고 있는 경우에 그 제출을 거절하는 때는 보통 소송절차에 의하여 강제집행의 방법으로 그 제출을 강제하게 된다.

IV. 증서에 의한 증거조사의 절차

증서에 의한 증거조사 절차는 증서의 제출에 의하여 행해지지만, 증서의 소지자가 거증자인지, 상대자인지 또는 제3자인지에 따라서 절차가 상이하다. 거증자가 증서를 스스로 가지고 있는 경우에는 구두변론에서 증서를 제출하고 이에 의하여 진술하는 것이 원칙이다. 만약 증서를 제출해야 하는데 훼손 또는 분실할 우려가 있거나 현저한 장애가 있는 때에는 수명판사,

或受托判事面前에提出ᄒᆞᆯ旨를申提ᄒᆞ는바ㅣ며相對者가證書를所持ᄒᆞᆫ境遇에는相對者의게其提出을命ᄒᆞᆫ旨를申提ᄒᆞ며此에依ᄒᆞ야行ᄒᆞ는바ㅣ라

第三者가證書를所持ᄒᆞᆫ境遇에在ᄒᆞ야는一私人됨과官吏廳又는公吏됨을依ᄒᆞ야節次가亦異ᄒᆞ니一私人된時는擧證者는證書를持來ᄒᆞᆷ에相當ᄒᆞᆫ期間을定ᄒᆞ야此를申提ᄒᆞ며官廳或公吏된時는官廳或公吏의게證書의送付를囑托ᄒᆞᆫ事를申提ᄒᆞ나然이나裁判所의助力을不依ᄒᆞ고當事者가持來ᄒᆞᆷ을得ᄒᆞᆫ證書譬如決定書의謄本、戶籍簿又는登記簿의謄本等은一私人된第三者가證書를所持ᄒᆞᆷ과無異ᄒᆞᆫ바ㅣ라

또는 수탁판사 면전에 제출할 것을 신청할 수 있다. 상대자가 증서를 소지하고 있는 경우에는 상대자에게 그 제출을 명하도록 하는 신청을 하며 이에 의하여 행하여진다.

제3자가 증서를 소지하고 있는 경우에는 일개 사인인지, 관청 또는 공리인지에 의하여 절차가 또한 다르다. 일개 사인인 때에는 거증자는 증서를 취득하기 위해 상당한 기간을 정하여 이를 신청하며, 관청 또는 공리인 때에는 관청 또는 공리에게 증서의 송부를 촉탁할 것을 신청한다. 그러나 재판소의 조력을 받지 않고 당사자가 취득할 수 있는 증서, 예컨대 결정서의 등본, 호적부 또는 등기부의 등본 등은 일개 사인인 제3자가 증서를 소지하고 있는 경우와 다르지 않다.

第四項 檢證

檢證은物體의實驗으로써證明을助ᄒᆞᄂᆞᆫ方法이니其實驗의物體는動產及不動產됨과請求의目的됨과證據의目的됨을不問ᄒᆞᄂᆞᆫ바ㅣ니以下略論ᄒᆞ노라

第一、檢證의意義 檢證은裁判官이檢證物에對ᄒᆞ야自己五官의感觸으로써直接考覈을確定케ᄒᆞᄂᆞᆫ手段이니裁判所以外卽其檢證物所在地에就ᄒᆞ야行ᄒᆞᆫ時ᄂᆞᆫ此를臨檢이라云ᄒᆞᄂᆞᆫ바ㅣ라如斯히檢證은裁判官이實物에就ᄒᆞ야係爭事實을考覈ᄒᆞᆷ으로必要가有ᄒᆞᆫ境遇에限ᄒᆞ야此를行ᄒᆞᄂᆞ니譬컨ᄃᆡ土地境界에對ᄒᆞ야爭議가有ᄒᆞᆫ時에實地에臨ᄒᆞ야審查ᄒᆞᆷ等이是라然而檢證은

제4항 검증

검증은 물체를 실제 조사함으로써 증명을 돕는 방법이다. 그 실제 조사되는 물체는 동산인지 부동산인지, 청구의 목적인지 증거의 목적인지를 불문한다. 이하에서 간단히 논한다.

I. 검증의 의의

검증은 재판관이 검증물에 대하여 자기 오관의 감촉으로써 직접 조사하여 확정하도록 하는 수단이다. 재판소 이외, 즉 그 검증물 소재지에서 행하는 때에는 이를 임검이라고 부른다. 이와 같이 검증은 재판관이 실물을 가지고 계쟁사실을 조사할 필요가 있는 경우에 한하여 이를 행한다. 예컨대 토지경계에 대하여 다툼이 있는 때에 현장에 가서 심사하는 등이 이것이다. 나아가 검증은

證據方法의一種되는與否에就ᄒᆞ야議論이頗有ᄒᆞ나當事者ㅣ提를依ᄒᆞ야行ᄒᆞ는檢證은證據方法의一種이라ᄒᆞᆷ이妥當ᄒᆞ니何者오證明의目的은係爭事實을明白히ᄒᆞᆷ에在ᄒᆞᆷ으로裁判官이係爭事實眞否에對ᄒᆞ야判斷을行ᄒᆞ기不能ᄒᆞᆯ時는姑捨ᄒᆞ고裁判官이親自考覈을行ᄒᆞᆯ境遇에在ᄒᆞ야도尙且證據方法을行ᄒᆞᆷ이無妨ᄒᆞ니檢證은係爭事實眞否에對ᄒᆞ야裁判官으로ᄒᆞ야곰其係爭物을查閱ᄒᆞ야判斷을行케ᄒᆞᆷ이其目的이니即其物體自體가事實眞否를證明ᄒᆞ는바ㅣ되는所以라

第二、檢證物의提出及檢證의證據力　檢證物提出의義務는日本民事訴訟法上에證書提出의義務와如히其境遇를規定ᄒᆞᆷ이無

증거방법의 일종이 되는지 여부에 관한 논의가 상당히 있으나 당사자 신청에 의해 이루어지는 검증은 증거방법의 일종이라 함이 타당하다.

왜냐하면 증명의 목적은 계쟁사실을 명백히 함에 있으므로 재판관이 계쟁사실의 진부에 대하여 판단하기 불가능할 때는 말할 것도 없고, 재판관이 스스로 조사할 수 있는 경우에 있어서도 또한 증거방법으로 행하는 것은 무방하기 때문이다. 검증은 계쟁사실 진부에 대하여 재판관으로 하여금 그 계쟁물을 조사·열람하여 판단하도록 함이 그 목적이다. 즉, 그 물체 자체가 사실진부를 증명하는 것이 되는 것이다.

II. 검증물의 제출 및 검증의 증거력

검증물 제출의 의무는 일본 민사소송법상의 증서제출의 의무와 마찬가지로 그 경우를 규정하고 있지 않

ᄒᆞᄂᆞ니 故로 檢證을 行고져 ᄒᆞᆫ 物이 相對者 又ᄂᆞᆫ 第三者의 手中에 存在ᄒᆞᆫ 境遇에 其提出을 不肯ᄒᆞ며 檢閱을 不許ᄒᆞᆫ 時ᄂᆞᆫ 特別ᄒᆞᆫ 訴訟을 起ᄒᆞ야 其義務存否ᄅᆞᆯ 判斷ᄒᆞᆷ이 아니면 此ᄅᆞᆯ 強制ᄒᆞ기 不能ᄒᆞᆫ바ㅣ라 然而 其證據力은 檢證目的物이 擧證者의 主張과 同一ᄒᆞᆫ 與否와 又其事實眞否에 對ᄒᆞ야 裁判官心證으로써 此ᄅᆞᆯ 決定ᄒᆞᆯ지니 譬컨ᄃᆡ 損害賠償을 請求ᄒᆞᄂᆞᆫ 事件에 就ᄒᆞ야 其毁損된 物體에 對ᄒᆞ야 爭議가 有ᄒᆞᆫ 時에 擧證者의 提出ᄒᆞᆫ 物件이 果然 毁損된 與否 並 其程度等을 檢査ᄒᆞᄂᆞᆫ 類가 是라

第三、檢證에 依ᄒᆞᄂᆞᆫ 證據調査의 節次

檢證에 依ᄒᆞᄂᆞᆫ 證據調査節次ᄂᆞᆫ 檢證物及檢證에 依ᄒᆞ야 證明ᄒᆞᆯ 事實을 申出ᄒᆞᆷ을 依ᄒᆞ야 開始

다. 따라서 검증을 하고자 하는 물건이 상대자 또는 제3자의 수중에 있는 경우에 그것을 제출하지 아니하고 검열을 불허하는 때에는 특별한 소송을 제기하여 그 의무존부를 판단하지 않으면 이를 강제하는 것이 불가능하다. 그 증거력은 검증 목적물이 거증자의 주장과 동일한지 여부 및 그 사실의 진부에 대하여 재판관의 심증으로써 이를 결정한다. 예컨대 손해배상을 청구하는 사건에 있어서 그 훼손된 물체에 대하여 다툼이 있는 때에는 거증자가 제출한 물건이 과연 훼손되었는지 여부 및 그 정도 등을 검사하는 것이 이것이다.

III. 검증에 의하는 증거조사의 절차

검증에 의하는 증거조사 절차는 검증물 및 검증에 의하여 증명할 사실을 신청하는 것에 의해 개시

ᄒᆞᆷ이原則이니職權으로써命ᄒᆞᆷ과如ᄒᆞᆷ은例外에屬ᄒᆞᆫ바ㅣ며且檢證에對ᄒᆞ야特別節次를要ᄒᆞᆫ時ᄂᆞᆫ證據決定을行ᄒᆞᆯ지니其期日은受訴裁判所에셔開始ᄒᆞᆷ이通例나檢證物所在地에就ᄒᆞ야檢證을行ᄒᆞᆫ時ᄂᆞᆫ其處所에셔行ᄒᆞ며尚且裁判官의智識으로써充分ᄒᆞᆫ判斷을行ᄒᆞ기不能ᄒᆞᆫ時ᄂᆞᆫ鑑定人을命ᄒᆞ야立會케ᄒᆞᄂᆞᆫ바ㅣ라

第五項　當事者本人訊問

當事者本人訊問은當事者가提出ᄒᆞᆫ證據에依ᄒᆞ야調査를行ᄒᆞ되아즉係爭事實을判斷ᄒᆞᆯ程度의心證을不得ᄒᆞᆫ時ᄂᆞᆫ此를補充ᄒᆞ기爲ᄒᆞ야申提又ᄂᆞᆫ職權으로써原告或被告의本人을訊問ᄒᆞ야其供述에依ᄒᆞ야裁判官의心證을確定(實)케ᄒᆞᄂᆞᆫ方法이니訴訟代理人으로

함이 원칙이고, 직권으로 명하는 경우는 예외에 속한다. 또한 검증에 대하여 특별 절차를 요하는 때에는 증거결정을 행하는데, 그 기일은 수소재판소에서 개시함이 통례이나, 검증물 소재지에서 검증을 행하는 때는 그 장소에서 행하며, 또한 재판관의 지식으로 충분한 판단을 하는 것이 불가능한 때는 감정인에게 명하여 입회하도록 한다.

제5항 당사자 본인 신문

당사자 본인 신문은 당사자가 제출한 증거에 의하여 조사를 하여도 계쟁사실을 판단할 정도의 심증을 얻을 수 없는 때는 이를 보충하기 위하여 신청 또는 직권으로 원고 또는 피고 본인을 신문하여 그 진술에 의하여 재판관의 심증을 확실하게 하는 방법이다. 소송대리인에 의해

行ᄒᆞᄂᆞᆫ訴訟에在ᄒᆞ야當事者本人의自身出頭ᄅᆞᆯ命ᄒᆞᄂᆞᆫ境遇와不同ᄒᆞᆫ지라即代理人에依ᄒᆞᄂᆞᆫ訴訟에在ᄒᆞ야當事者本人을訊問ᄒᆞᆷ은證據調査前後ᄅᆞᆯ不問ᄒᆞ고總히必要로認ᄒᆞᆫ境遇에原告或被告의自身出頭ᄅᆞᆯ命ᄒᆞ며其命令에違背ᄒᆞᆷ이或有ᄒᆞᆫ지라도法律上不利益ᄒᆞᆫ結果가不生ᄒᆞ나證據方法의一種되ᄂᆞᆫ當事者本人訊問은반다시證據調査後됨을要ᄒᆞ며且充分ᄒᆞᆫ理由가無ᄒᆞ고訊問期日에出頭치아니ᄒᆞ거나供述을拒絶ᄒᆞᆫ時ᄂᆞᆫ本人訊問에依ᄒᆞ야證明코져ᄒᆞᄂᆞᆫ바相對者의主張事實은當ᄒᆞᆷ으로認ᄒᆞᆷ을得ᄒᆞᄂᆞ니是ᄂᆞᆫ日本民事訴訟法第一一四條及第三六〇條同第三六三條에照ᄒᆞ야無疑ᄒᆞᆫ바ㅣ라

행해지는 소송에 있어서 당사자 본인의 '자신출두'를 명하는 경우와는 다른 것이다. 즉, 대리인에 의하는 소송에 있어서 당사자 본인을 신문하는 것이 증거조사 전후를 불문하고 필요하다고 인정되는 경우에는 언제나 원고 또는 피고의 '자신출두'를 명하며, 혹시 그 명령에 위배됨이 있을지라도 법률상 불이익한 결과가 생기지 않으나, 증거방법의 일종이 되는 당사자 본인 신문은 반드시 증거조사 후일 것을 요하며 또한 충분한 이유 없이 신문 기일에 출두하지 아니하거나 진술을 거절하는 때에는 본인신문에 의하여 증명하고자 하는 상대방의 주장사실을 정당한 것으로 인정할 수 있다. 이는 일본 민사소송법 제114조 및 제360조, 동 제363조에 비추어 의문이 없다.

如斯히當事者本人訊問의節次ᄂᆞᆫ申提或職權을依ᄒᆞ야決定으로써開始ᄒᆞᆷ으로其決定中에訊問을受ᄒᆞᆯ者를表示ᄒᆞᄂᆞ니訴訟無能力者가當事者된時ᄂᆞᆫ其法定代理人又ᄂᆞᆫ無能力者本人을指定ᄒᆞᆯ지라然而決定宣示를行ᄒᆞᆯ際에訊問을受ᄒᆞᆯ者가法廷에在ᄒᆞᆫ時ᄂᆞᆫ即地訊問을開始ᄒᆞ며且當事者本人訊問은宣誓를行치아니ᄒᆞ고行ᄒᆞᆫᄂᆞᆫ證人의供述과無異ᄒᆞᆷ으로數學上表示를要ᄒᆞᆫ事項을除ᄒᆞᆫ外에總히口頭의陳述을要ᄒᆞᄂᆞᆫ바ㅣ라

第六項　證據保全

證據保全은現時證明을要ᄒᆞᆯ係爭事實이無ᄒᆞ나他日證據方法으로使用코져ᄒᆞᄂᆞᆫ事實의湮滅、變更의弊害를防杜ᄒᆞ기爲ᄒᆞ야裁判

이와 같이 당사자 본인 신문의 절차는 신청 또는 직권에 의하여 결정으로 개시되므로 그 결정에는 신문을 받을 자를 표시하는데, 소송무능력자가 당사자로 되는 경우에는 그 법정대리인 또는 무능력자 본인을 지정한다. 결정을 선고할 때 신문을 받을 자가 법정에 있는 경우에는 즉석 신문을 개시하며 또한 당사자 본인 신문은 선서를 하지 아니하고 하는 증인의 진술과 다름이 없으므로 수학상의 표시를 요하는 사항을 제외하고는 언제나 구두의 진술을 요한다.

제6항 증거보전

증거보전은 현시점에서는 증명을 요하는 계쟁사실이 없으나 다른 날에는 증거방법으로 사용하고자 하는 사실의 인멸, 변경의 폐해를 방지하기 위하여 재판

所謂査로써其證據를保全ᄒᆞᄂᆞᆫ手段이니以下略論ᄒᆞ노라

第一、一般의證據調査　凡證據調査ᄂᆞᆫ裁判上重要ᄒᆞᆫ係爭事實이有ᄒᆞᆫ後에行ᄒᆞᆷ이原則이니係爭事實存否ᄂᆞᆫ訴訟이開始ᄒᆞ거나證據調査의程度에不違ᄒᆞ면知得ᄒᆞ기不能ᄒᆞ나此를理由ᄒᆞ야證據調査를不行ᄒᆞᆫ時ᄂᆞᆫ他日證據調査의必要가有ᄒᆞᆫ境遇에在ᄒᆞ야證據의紛失又ᄂᆞᆫ證明用에供ᄒᆞ기不堪ᄒᆞᆯ憂慮가不無ᄒᆞᄂᆞ니譬컨ᄃᆡ證人될者가老衰或疾病을因ᄒᆞ야證據調査를了ᄒᆞᆯ時期ᄭᆞ지生存ᄒᆞᆯ與否가未確定ᄒᆞ거나證據될物品所持者가外国或遠方에移轉ᄒᆞ고져ᄒᆞᆯ境遇와證據物의腐敗又ᄂᆞᆫ相對者의行為를因ᄒᆞ야變更ᄒᆞᆯ境遇와如ᄒᆞᆷ이是라如斯ᄒᆞᆫ事情이有ᄒᆞᆯ

소 조사로써 그 증거를 보전하는 수단이다. 이하에서 간단히 논하고자 한다.

I. 일반의 증거조사

보통 증거조사는 재판상 중요한 계쟁사실이 나타난 후에 하는 것이 원칙이며, 계쟁사실의 존부는 소송이 개시되거나 증거조사의 정도에 이르지 아니하면 알 수 없으므로, 이를 이유로 증거조사를 하지 아니하는 때에는 다른 날에 증거조사의 필요가 있는 경우에 증거의 분실 또는 증명에 사용하지 못할 우려가 없지 않다. 예컨대 증인이 될 자가 노쇠 또는 질병으로 인하여 증거조사를 완료할 시기까지 생존할지 여부가 확실치 않거나 증거가 될 물품소지자가 외국 또는 먼 지역으로 이전하고자 할 경우와 증거물의 부패 또는 상대자의 행위로 인하여 변경될 경우와 같은 것이다. 이러한 사정이 있을

時ᄂᆞᆫ訴訟提起의前後를不問ᄒᆞ고證據調査를要ᄒᆞᆯ時期가到来ᄒᆞ기前에在ᄒᆞ야證據保全의申提를行케ᄒᆞ며裁判所ᄂᆞᆫ此를調査ᄒᆞ야後日의困難을豫防ᄒᆞᄂᆞᆫ바ㅣ라

證據保全의管轄裁判所ᄂᆞᆫ訴訟이裁判所에繫屬ᄒᆞᆫ時ᄂᆞᆫ受訴裁判所管轄에屬ᄒᆞ며訴訟이繫屬치아니ᄒᆞᆫ時ᄂᆞᆫ訊問을受ᄒᆞᆯ者의所在地又ᄂᆞᆫ檢證ᄒᆞᆯ物體의所在地를管轄ᄒᆞᄂᆞᆫ區裁判所管轄에屬ᄒᆞ며且急速을要ᄒᆞᆯ時ᄂᆞᆫ訴訟이繫屬ᄒᆞᆫ後에在ᄒᆞ야도右區裁判所管轄에屬ᄒᆞᄂᆞᆫ바ㅣ라然而證據保全申提의方式은書面又ᄂᆞᆫ口頭로써行ᄒᆞᆷ이無妨ᄒᆞ나書面으로써行ᄒᆞᆯ時ᄂᆞᆫ左의諸件을具備ᄒᆞᆷ을要ᄒᆞᄂᆞ니

때에는 소송 제기의 전후를 불문하고 증거조사를 필요로 하는 시기가 도래하기 전에도 증거보전의 신청을 하도록 하며 재판소는 이를 조사하여 후일의 곤란을 예방하는 것이다.

증거보전의 관할재판소는 소송이 재판소에 계속하고 있는 때는 수소재판소 관할에 속하며, 소송이 계속하고 있지 아니한 때는 신문을 받을 자의 소재지 또는 검증할 물체의 소재지를 관할하는 구재판소 관할에 속한다. 또한 급속을 요하는 때는 소송이 계속한 후에 있어서도 위 구재판소 관할에 속하게 된다. 증거보전 신청의 방식은 서면 또는 구두로써 해도 무방하지만, 서면으로 하는 때는 아래의 여러 조건을 구비할 것을 요한다.

一、相對者의表示 相對者의表示는相對者의何人됨을揭載ᄒᆞᆷ이나若訴訟이繫屬ᄒᆞ기前에在ᄒᆞ야證據保全申提人이自己의過失이無ᄒᆞ고相對者를指定치못ᄒᆞᆫ境遇에는裁判所는其不知ᄒᆞᆫ相對者의權利를防衛ᄒᆞ기爲ᄒᆞ야臨時代理人을任命ᄒᆞᆷ을得ᄒᆞ는바ㅣ라

二、證據調査를行ᄒᆞᆯ事實의表示 證據保全은證據調査의必要與否를不問ᄒᆞ고此를許ᄒᆞᆷ으로事實上必要ᄒᆞᆫ證明을要치아니ᄒᆞ고唯證據調査를行ᄒᆞᆯ事實을揭載ᄒᆞᆯ뿐이니라

三、如何ᄒᆞᆫ證據方法에依ᄒᆞ야證據保全節次를行ᄒᆞᆯ事의表示 證人或鑑定人의訊問을要ᄒᆞᆯ時는此를表示ᄒᆞᆷ과如ᄒᆞᆫ바ㅣ라

① 상대자의 표시

상대자의 표시는 상대자가 어떤 사람인지를 게재하는데, 만약 소송이 계속하기 전에 증거보전 신청인이 자기의 과실 없이 상대자를 지정하지 못하는 경우에는 재판소는 그 부지의 상대자의 권리를 방위하기 위하여 임시대리인을 임명할 수 있다.

② 증거조사를 할 사실의 표시

증거보전은 증거조사의 필요 여부를 불문하고 이를 허용하므로 사실상 필요한 증명을 요하지 않고 오직 증거조사를 할 사실을 게재할 뿐이다.

③ 어떠한 증거방법에 의하여 증거보전 절차를 행할 것인지의 표시

증인 또는 감정인의 신문이 필요한 때에는 이를 표시하는 것과 같은 것이다.

四、證據의紛失又는使用에困難ᄒᆞᆫ理由의表示 此는特히疏明홈을要ᄒᆞᄂᆞ니相對者及訊問을受ᄒᆞᆫ者를保護ᄒᆞᄂᆞᆫ精神에出ᄒᆞᆫ바ㅣ라

證據保全의申請을許ᄒᆞᆫ時는裁判所는普通節次를依ᄒᆞ야相對者又는臨時代理人을呼出ᄒᆞ야調査를行ᄒᆞ며其調書는裁判所에保管ᄒᆞ며當事者는何時던지訴訟에使用ᄒᆞᄂᆞᆫ權이有ᄒᆞᆫ바ㅣ라

第二、相對者의承諾을得ᄒᆞ야行ᄒᆞᄂᆞᆫ證據調査 前述홈과如히證據保全은證據의紛失又는使用에困難ᄒᆞᆫ憂慮가有ᄒᆞᆫ時에限ᄒᆞ야行ᄒᆞᄂᆞᆫ바ㅣ라相對者의承諾이有ᄒᆞᆫ時는右條件이具備치아니ᄒᆞ야도行홈을得ᄒᆞᄂᆞ니一般證據調査와相異ᄒᆞ야唯相對者의

④ 증거의 분실 또는 사용이 곤란한 이유의 표시

이는 특별히 소명할 것을 요하는데, 상대자 및 신문을 받을 자를 보호하는 정신에서 나온 것이다.

증거보전의 신청을 허가하는 때는 재판소는 보통절차에 의하여 상대자 또는 임시대리인을 호출하여 조사를 하며, 그 조서는 재판소에 보관하며 당사자는 언제든지 소송에서 사용할 권리를 가진다.

II. 상대자의 승낙을 얻어 행하는 증거조사

앞에서 언급한 바와 같이 증거보전은 증거의 분실 또는 사용이 곤란할 우려가 있는 때에 한하여 행하는데, 상대자의 승낙이 있는 때는 위 조건이 구비되지 아니하여도 행할 수 있으며 일반 증거조사와 상이하여 오직 상대자의

承諾을得한旨를揭載하야申提하는바ㅣ라

第七節 裁判

裁判은裁判所又는裁判官의宣言이니即當事者又는第三者에對한흠을不問하고拘히法律을適用한바裁判所又는裁判官의意思表示라然而裁判은其內容을依하야判決、決定、命令等의區別이有하니以下逐次說明하노라

第一款 判決

判決은實體上又는形式上爭點에就하야必要的口頭辯論을經한바判決裁判所의裁判을云함이니故로任意的口頭辯論을經하며又는書面에基因하는裁判과其他訴訟上指揮에關하는裁判은此를決定

승낙을 얻은 취지를 게재하여 신청해야 한다.

제7절 재판

재판은 재판소 또는 재판관의 선언이다. 즉, 당사자 또는 제3자에 대한 것을 불문하고 모두 법률을 적용하여 하는 재판소 또는 재판관의 의사표시인 것이다. 재판은 그 내용에 따라 판결, 결정, 명령 등으로 구별된다. 이하에서 순서대로 설명한다.

제1관 판결

판결은 실체상 또는 형식상 쟁점에 관해 필요적 구두변론을 거친 판결재판소의 재판을 말한다. 따라서 임의적 구두변론을 거치거나 또는 서면에 기인하는 재판과 기타 소송상 지휘에 관한 재판은 이를 결정

이라云ᄒᆞ며裁判長又ᄂᆞᆫ受命判事或受托判事의行ᄒᆞᄂᆞᆫ裁判은此를命令이라云ᄒᆞᄂᆞᆫ바ㅣ라

如斯히判決은口頭辯論을経ᄒᆞᆷ을要ᄒᆞᄂᆞᆫ事項에對ᄒᆞ야行ᄒᆞᄂᆞᆫ바ㅣ나然이나一二의例外가有ᄒᆞ니即假差押及假處分申請에對ᄒᆞᄂᆞᆫ裁判이是라此等申請에對ᄒᆞᄂᆞᆫ裁判은반다시口頭辯論을経ᄒᆞᆷ을要ᄒᆞᄂᆞᆫ事項이아니나若口頭辯論을経ᄒᆞᆫ時ᄂᆞᆫ判決로써行ᄒᆞᄂᆞᆫ바ㅣ라

第一、判決의種類 前述ᄒᆞᆷ과如히判決은必要的口頭辯論을経ᄒᆞᆫ바判決裁判所의宣言이니裁判所ᄂᆞᆫ此에拘束되야以後設或不當ᄒᆞᆫ點을發見ᄒᆞ되此를徹消變更ᄒᆞᆷ을不得ᄒᆞ며從ᄒᆞ야抵觸된判決을行치못ᄒᆞᄂᆞᆫ바ㅣ라然而判決은數種의判別이有ᄒᆞᄂᆞ니

이라 말하며, 재판장 또는 수명판사 또는 수탁판사가 하는 재판은 이를 명령이라고 부른다.

이와 같이 판결은 구두변론을 거칠 것을 요하는 사항에 대하여 하는 것이지만 한두 개의 예외가 있다. 즉, 가차압 및 가처분 신청에 대한 재판이 이것이다. 이들 신청에 대한 재판은 반드시 구두변론을 거칠 것을 요하는 사항이 아니지만 만약 구두변론을 거친 경우에는 판결로써 행하여야 한다.

I. 판결의 종류

전술한 바와 같이 판결은 필요적 구두변론을 거쳐서 하는 판결재판소의 선언이다. 재판소는 이에 구속되어 이후 설혹 부당한 점을 발견해도 이를 작소(취소)·변경할 수 없으며 따라서 저촉되는 판결을 하지 못한다. 판결은 여러 종류의 구별이 존재한다.

一、對席判決及闕席判決 對席判決은當事者雙方의口頭辯論을經ᄒᆞᆫ바判決을謂ᄒᆞᆷ이나然이나對席判決은반다시當事者雙方의口頭辯論을要치아니ᄒᆞᄂᆞ니出頭치아니ᄒᆞᆫ相對者의게懈怠의結果를生치아니ᄒᆞᆫ判決은此를對席判決이라云ᄒᆞᄂᆞᆫ바ㅣ라

闕席判決은當事者一方의게懈怠의結果를生케ᄒᆞᄂᆞᆫ判決이니即當事者兩方이辯論期日에出頭ᄒᆞᄂᆞᆫ與否를不問ᄒᆞ고其一方이口頭辯論을基因ᄒᆞ야懈怠의結果를他一方의게生케ᄒᆞᄂᆞᆫ判決을謂ᄒᆞᆷ이라

二、終局判決及中間判決 終局判決은對席又闕席됨과全部又

① 대석판결과 궐석판결

대석판결은 당사자 쌍방의 구두변론을 거쳐서 하는 판결을 말하지만, 대석판결은 반드시 쌍방의 구두변론을 요하지 아니하며 출두하지 아니한 상대자에게 해태의 결과가 생기지 아니하는 판결은 이를 대석판결이라 부른다.

궐석판결은 당사자 일방에게 해태의 결과가 생기게 하는 판결이다. 즉, 당사자 양방이 변론 기일에 출두하는지 여부를 불문하고 그 일방이 구두변론에 기인하여 해태의 결과를 다른 일방에게 생기게 하는 판결을 말한다.

② 종국판결과 중간판결

종국판결은 대석 또는 궐석인지, 전부 또는

一部됨을不問ᄒᆞ고訴訟事件을其審級에셔完結ᄒᆞᄂᆞᆫ判決이니全部終局判決은訴訟事件의全部가完結ᄒᆞᄂᆞᆫ바ㅣ며一部終局判決은訴訟事件의一部가完結ᄒᆞᄂᆞᆫ바ㅣ니故로一部終局判決은其完結된部分에對ᄒᆞ야ᄂᆞᆫ全部完結과無異ᄒᆞ나唯訴訟費用裁判에就ᄒᆞ야ᄂᆞᆫ後裁判의完結을待ᄒᆞᆯ섇이라然而一部의終局判決에對ᄒᆞ야ᄂᆞᆫ獨立ᄒᆞ야上訴ᄅᆞᆯ行ᄒᆞᄂᆞ니左에一部의終局判決을行ᄒᆞᆯ境遇ᄅᆞᆯ略擧ᄒᆞ건ᄃᆡ

甲、一個의訴로ᄡᅥ起ᄒᆞᆫ바數個의請求中其一部가裁判을行ᄒᆞᆯ程度에至ᄒᆞᆫ時即主觀的又ᄂᆞᆫ客觀的의並合訴訟境遇에在ᄒᆞ야其一個請求에對ᄒᆞ야裁判을行ᄒᆞᆫ時

일부인지를 불문하고 소송사건을 그 심급에서 완결하는 판결이다. 전부 종국판결은 소송사건의 전부를 완결하며, 일부 종국판결은 소송사건의 일부를 완결시킨다. 따라서 일부 종국판결은 그 완결된 부분에 대하여는 전부 완결과 다름이 없으나, 오로지 소송비용재판에 있어서는 뒤의 재판의 완결을 기다릴 뿐이다. 일부의 종국판결에 대해서는 독립하여 상소를 행하는데, 아래에서 일부의 종국판결을 하는 경우를 간단히 살펴 본다.

甲. 1개의 소로써 제기하는 수 개의 청구 중 그 일부가 재판을 할 정도에 이른 경우, 즉 주관적 또는 객관적 병합소송의 경우에 있어서 그 1개의 청구에 대하여 재판을 하는 때

乙、一個請求中一部가裁判을行ᄒᆞᆯ程度에至ᄒᆞᆫ時

丙、本訴와反訴가並起ᄒᆞᆫ境遇에其本訴或反訴의一方에對ᄒᆞ야裁判을行ᄒᆞᆯ程度에至ᄒᆞᆫ時

中間判決은終局判決을準備ᄒᆞᄂᆞᆫ豫斷의判決이니即獨立ᄒᆞᆫ攻擊或防禦方法其他中間의爭點에對ᄒᆞ며又ᄂᆞᆫ請求의原因及數額에對ᄒᆞ야(攻擊)爭의有ᄒᆞᆫ時에其原因에對ᄒᆞ야行ᄒᆞᄂᆞᆫ裁判이라然而獨立ᄒᆞᆫ防禦方法이라云ᄒᆞᆷ은實體上及形式上에關ᄒᆞᆫ事實은不問ᄒᆞ고當事者의主張事實真否를推斷ᄒᆞᆷ에供用ᄒᆞᄂᆞᆫ當事者의陳述이니其當否에依ᄒᆞ야訴訟全體에影響을及ᄒᆞᄂᆞᆫ事實을謂ᄒᆞᆷ이며中間의爭點이라云ᄒᆞᆷ은獨立의攻擊防禦方法이아

乙. 1개의 청구 중 일부가 재판을 할 정도에 이른 때

丙. 본소와 반소가 병합하여 제기된 경우에 그 본소 또는 반소의 일방에 대하여 재판을 할 정도에 이른 때

중간판결은 종국판결을 준비하는 예단의 판결이다. 즉, 독립한 공격 또는 방어 방법, 기타 중간의 쟁점에 대하여 또는 청구의 원인 및 수액에 대하여 다툼이 있는 때에 그 원인에 대하여 행하는 재판이다. 나아가 독립한 공격방어 방법이라 함은 실체상 및 형식상에 관한 사실을 불문하고 당사자의 주장사실의 진부를 추단함에 사용되는 당사자의 진술이며, 그 당부에 의하여 소송 전체에 영향을 미치는 사실을 말한다. 중간의 쟁점이라 함은 독립의 공격방어 방법이 아

난訴訟節次上의爭을謂ᄒᆞᆷ이니時機를失ᄒᆞ야提出ᄒᆞᆫ證據方法却下申提에對ᄒᆞᄂᆞᆫ爭議와擧證者의相對者가證書提出의義務存否에對ᄒᆞᄂᆞᆫ爭議等이是며請求의原因及數額에對ᄒᆞᆫ爭이라云ᄒᆞᆷ은損害賠償을請求ᄒᆞᄂᆞᆫ事件에對ᄒᆞ야其損害存否를判斷ᄒᆞ며且損害가有ᄒᆞᆷ을認ᄒᆞ되賠償額에對ᄒᆞ야爭이有ᄒᆞᆫ時ᄂᆞᆫ其請求原因에對ᄒᆞ야行ᄒᆞᄂᆞᆫ判斷과如ᄒᆞᆷ이是라

如斯히終局判決은訴訟事件을其審級에셔完結ᄒᆞᄂᆞᆫ判決이니然이나某學者ᄂᆞᆫ訴訟節次를其審級에셔完結ᄒᆞᄂᆞᆫ判決이라云ᄒᆞ야學說이一定치아니ᄒᆞ나日本大審院判決例에在ᄒᆞ야ᄂᆞᆫ事件의完結을目的ᄒᆞᄂᆞᆫ判決이라云ᄒᆞ야控訴審或은上告審에셔原判決

닌 소송절차상의 다툼을 말하는데, 시기를 놓쳐 제출한 증거방법, 각하신청에 대한 다툼과 거증자의 상대자가 증서제출의 의무존부에 대하여 하는 다툼 등이 이것이다. 청구의 원인 및 수액에 대한 다툼이라 함은 손해배상을 청구하는 사건에 대하여 그 손해 존부를 판단하며 또한 손해가 있음을 인정하면서 손해액에 대하여 다툼이 있는 때는 그 청구원인에 대하여 하는 판단과 같은 것이다.

이와 같이 종국판결은 소송사건을 그 심급에서 완결하는 판결이지만, 모 학자는 소송절차를 그 심급에서 완결하는 판결이라 하여 학설이 일정하지 않다. 일본 대심원 판결례에 있어서는 사건의 완결을 목적으로 하는 판결이라 하여 항소심 혹은 상고심에서 원판결

을廢棄或破毁ᄒᆞ야其事件을下級裁判所에還付或移送ᄒᆞᄂᆞᆫ判決로써中間判決의一種이라ᄒᆞᆫ바ㅣ라

第二、判決의條件

判決의條件은判決을行ᄒᆞᆯ條件을謂ᄒᆞᆷ이니

一、形式上條件　形式上條件은判決을行ᄒᆞᆯ事件에對ᄒᆞ야口頭辯論을經ᄒᆞᆷ과當事者의申提가有ᄒᆞᆷ을要ᄒᆞᄂᆞ니元來判決은口頭辯論을經치아니ᄒᆞ면行ᄒᆞ기不能ᄒᆞ며且口頭辯論을經ᄒᆞᆫ事項에對ᄒᆞ야도當事者로브터判決을受ᄒᆞᆯ事項의申提가無ᄒᆞ면行ᄒᆞ기不能ᄒᆞᆷ으로當事者의申提가無ᄒᆞ거나口頭辯論期日에雙方이出頭치아니ᄒᆞᆯ時ᄂᆞᆫ訴訟節次가休止되ᄂᆞᆫ바ㅣ니

二、實體上條件　形式上條件이具備ᄒᆞ되實體上條件이成立

을 폐기 또는 파훼하여 그 사건을 하급재판소에 환부 또는 이송하는 판결을 중간판결의 일종이라 한다.

II. 판결의 조건

판결의 조건은 판결을 행할 조건을 말한다.

① 형식상 조건

형식상 조건은 판결을 할 사건에 대하여 구두변론을 거칠 것과 당사자의 신청이 있을 것을 요한다. 원래 판결은 구두변론을 거치지 아니하면 할 수 없으며 또한 구두변론을 거친 사항에 대하여도 당사자로부터 판결을 받을 사항에 대해 신청이 없으면 할 수 없으므로, 당사자의 신청이 없거나 구두변론 기일에 쌍방이 출두하지 아니하는 때에는 소송절차가 휴지(정지)되는 것이다.

② 실체상 조건

형식상 조건이 구비되어도 실체상 조건이 성립

치마니ᄒᆞ면任意判決을行치못ᄒᆞᄂᆞ니所謂實體上條件을畢
件이裁判을行ᄒᆞᆯ程度에至ᄒᆞᆷ을云ᄒᆞᆷ이니卽裁判所가當事者의
陳述又ᄂᆞᆫ證據調査結果를依ᄒᆞ야當事者主張事實을眞實
ᄒᆞᆷ으로認ᄒᆞ며此에法律을適用ᄒᆞᆯ에至ᄒᆞᆫ時期를云ᄒᆞᆷ이라然而
其時期가實體의全部又一部됨과中間의爭又ᄂᆞᆫ獨立ᄒᆞᆫ攻擊防
禦에關係된時ᄂᆞᆫ一部或全部의終局判決又ᄂᆞᆫ中間判決을行ᄒᆞ
ᄂᆞᆫ바ㅣ며其他原告가請求를抛棄ᄒᆞ거나被告가認諾ᄒᆞᆫ時에當
事者一方의申提가有ᄒᆞᆫ진ᄃᆡ抛棄又ᄂᆞᆫ認諾에基因ᄒᆞᆫ判決을
行ᄒᆞᄂᆞᆫ바오且終局判決을行ᄒᆞᆷ에ᄂᆞᆫ法律에規定ᄒᆞᆫ員數의判事
가判決의基本된口頭辯論에臨席ᄒᆞ야審理及評議를經ᄒᆞᆫ後에

하지 아니하면 또한 판결을 할 수 없다. 소위 실체상 조건은 사건이 재판을 할 수 있을 정도에 이른 것을 말한다. 즉, 재판소가 당사자의 진술 또는 증거조사 결과에 의하여 당사자 주장 사실을 진실한 것으로 인정하고 이에 법률을 적용함에 이른 시기를 말한다. 그 시기가 실체의 전부 또는 일부와 중간의 다툼 또는 독립한 공격방어에 관계될 때는 일부 혹은 전부의 종국판결 또는 중간판결을 하는 것이다. 기타 원고가 청구를 포기하거나 피고가 인낙을 하는 때에는 당사자 일방의 신청이 있기 때문에 포기 또는 인낙에 기인하는 판결을 한다. 또한 종국판결을 함에는 법률에서 규정하고 있는 인원수의 판사가 판결의 기본이 되는 구두변론에 임석하여 심리 및 평의를 거친 후에

行ᄒᆞᄂᆞ니若此에違叉됨이有ᄒᆞᆯ진ᄃᆡ上訴或再審의原因을成ᄒᆞᄂᆞᆫ바ㅣ니라

第三、判決의方式 判決은書面을依ᄒᆞᆷ을(으로作ᄒᆞᆷ)要ᄒᆞ며其書面에ᄂᆞᆫ當事者、裁判所의名稱及判事의官氏名、判決主文、事實及理由를揭載ᄒᆞᆷ을要ᄒᆞᄂᆞ니蓋當事者를表示ᄒᆞᆷ은何人으로브터何人의게對ᄒᆞᆫ訴訟을(됨)確定케ᄒᆞ며且此에依ᄒᆞ야強制執行及民法上旣判力等効力生케ᄒᆞᆷ에在ᄒᆞ며裁判所의名稱及判事의官氏名을揭載ᄒᆞᆷ은裁判所의管轄及裁判所의構成이正當ᄒᆞᆷ을表示ᄒᆞᆷ이며判決主文을揭載ᄒᆞᆷ은原告主張의有理及無理ᄒᆞᆷ을表示ᄒᆞ야裁判의骨髓를成ᄒᆞᆷ이며事實은訴訟事件에對ᄒᆞ야發現된事項을指

해야 한다. 만약 이에 위반하면 상소 또는 재심의 원인이 될 수 있다.

III. 판결의 방식

판결은 서면으로 작성함을 요하며, 그 서면에는 당사자, 재판소의 명칭 및 판사의 관씨명, 판결주문, 사실 및 이유를 게재함을 요한다. 보통 당사자를 표시함은 누구로부터 누구에 대한 소송이 되는지 확정하도록 하며 또한 이에 의하여 강제집행 및 민법상 기판력 등의 효력이 생기도록 하기 위함이다. 재판소의 명칭 및 판사의 관씨명을 게재함은 재판소의 관할 및 재판소의 구성이 정당함을 표시하기 위함이며, 판결의 주문을 게재함은 원고 주장이 이유 있는지 및 이유 없는지를 표시하여 재판의 골자를 이루기 위함이며, 사실은 소송사건에 대하여 발현된 사항을 가리키기 위

ᄒᆞᆷ이니 此를 記載ᄒᆞᆷ은 裁判의 當否를 鑑查케 ᄒᆞᄂᆞᆫ 바ㅣ나 然이나 訴訟中에 發現ᄒᆞᆫ 事項은 巨細를 無漏ᄒᆞ고 幷히 記載ᄒᆞᆷ이 아니오 權利關係를 推知ᄒᆞ며 且 判斷을 行ᄒᆞᆷ에 必要ᄒᆞᆫ 事項을 摘示ᄒᆞᆯ 뿐이며 理由ᄂᆞᆫ 主文에 記載ᄒᆞᆫ 事項의 原因及根據를 了解케 ᄒᆞᄂᆞᆫ 바ㅣ니 此를 記載ᄒᆞᆷ은 如何ᄒᆞᆫ 事實을 確定ᄒᆞ며 其確定ᄒᆞᆫ 事實에 對ᄒᆞ야 如何ᄒᆞᆫ 法則을 適用ᄒᆞᆷ을 表示ᄒᆞᆷ에 在ᄒᆞᆫ 바ㅣ라 然而 判決原本에ᄂᆞᆫ 裁判을 行ᄒᆞᆫ 判事가 署名捺印ᄒᆞ며 書記ᄂᆞᆫ 判決宣示日及原本領受日을 原本에 附記ᄒᆞ고 署名捺印ᄒᆞᆷ을 要ᄒᆞᄂᆞᆫ 바ㅣ라

以上은 判決에 關ᄒᆞᆫ 形式上 事項을 論述ᄒᆞᆫ 바ㅣ니 更히 實質上 事項을 略論ᄒᆞ건ᄃᆡ 凡 判決은 當事者 申提 範圍內에셔 行ᄒᆞᄂᆞ니 是卽 不

함이므로 이를 기재함은 재판의 당부를 감독하고 검사하도록 하는 것이다. 그러나 소송 중 발현한 사항은 크고 작음을 따지지 않고 모두 기재하지 아니한다. 권리관계를 추지하고 또한 판단을 함에 필요한 사항을 적시할 뿐이며 이유는 주문에 기재한 사항의 원인 및 근거를 이해할 수 있도록 하는 것이다. 이를 기재함은 어떠한 사실을 확정하며, 그 확정한 사실에 대하여 어떠한 법칙을 적용하는지 표시함에 있다. 나아가 판결원본에는 재판을 행한 판사가 서명날인하며 서기는 판결 선고일 및 원본 영수일을 원본에 부기하고 서명날인함을 요한다.

이상은 판결에 관한 형식상 사항을 논술한 것인데, 다시 실질상 사항을 간단히 논해 보면, 일반적으로 판결은 당사자 신청 범위 내에서 행해지는데, 이는 곧 불

干涉主義의原則이라是以로當事者가申提치아니ᄒᆞᆫ事項을判決ᄒᆞ기不能ᄒᆞᆷ은勿論이오申提範圍를超過ᄒᆞᆷ이亦ᄒᆞᆫ不能ᄒᆞ나申提事項을減縮ᄒᆞ야判決ᄒᆞᆷ과如ᄒᆞᆷ은申提範圍內의判決됨으로違法이라未稱ᄒᆞᆯ지라然而訴訟費用負擔을命ᄒᆞᄂᆞᆫ申提가無ᄒᆞ되職權으로써此를裁判ᄒᆞᄂᆞ니盖訴訟費用負擔義務ᄂᆞᆫ私法上關係로生ᄒᆞᆷ이아니오公法上에因ᄒᆞᆫ一種의義務된所以니라

判決은宣示가有ᄒᆞᆫ日로브터一定ᄒᆞᆫ期間內에判事가此를作成ᄒᆞᄂᆞᆫ바ㅣ나其期間內에作成치아니ᄒᆞ야도宣示의効力은妨害가少無ᄒᆞᄂᆞ니何者오判決은其宣示에依ᄒᆞ야効力을發生ᄒᆞᄂᆞᆫ者된所以라

간섭주의의 원칙*이다. 이로써 당사자가 신청하지 아니한 사항을 판결할 수 없음은 물론이고 신청범위를 초과하는 것 또한 가능하지 않다. 신청사항을 감축하여 판결하는 것은 신청범위 내의 판결이 되므로 위법이라 할 수 없다. 나아가 소송비용의 부담을 명하는 것은 신청 없이 직권으로 이를 재판하는데, 보통 소송비용 부담의무는 사법상 관계로 생기는 것이 아니라 공법상의 관계로 인한 일종의 의무가 되기 때문이다.

판결은 선고가 있은 날로부터 일정한 기간 내에 판사가 이를 작성해야 하지만 그 기간 내에 작성하지 아니하여도 선고의 효력은 방해를 받지 않는다. 판결은 그 선고에 의하여 효력이 발생하는 것이기 때문이다.

* 현재는 이를 처분권주의라 부른다. 처분권주의라 함은 소송절차의 개시, 심판의 대상과 범위 및 소송절차의 종료 등에 대하여 당사자가 처분권을 가지고 자유로이 결정할 수 있는 원칙을 말한다(민사소송법 203조).

第四、判決의告知　判決은口頭로써告知홈을要ᄒᆞ며此告知를宣示라云ᄒᆞᄂᆞᆫ바判決의宣示ᄂᆞᆫ口頭로行홈을要홈은公開의原則上必然ᄒᆞᆫ바ㅣ라然而判決宣示ᄂᆞᆫ口頭辯論이終結ᄒᆞᆫ日에評議가終結ᄒᆞᆫ時ᄂᆞᆫ即地此를宣示ᄒᆞᄂᆞᆫ바ㅣ나評議를未終ᄒᆞᆫ時ᄂᆞᆫ一定ᄒᆞᆫ期間內로延期홈을得ᄒᆞ며且判決은裁判長이判決主文을書面에基因ᄒᆞ야朗讀宣示ᄒᆞᄂᆞᆫ바ㅣ나唯闕席判決에在ᄒᆞ야ᄂᆞᆫ判決主文을作成ᄒᆞ기前에在ᄒᆞ야도此를宣示홈을得ᄒᆞᄂᆞᆫ바ㅣ며判決의理由ᄂᆞᆫ宣示홈을必要가有ᄒᆞᆫ時에限ᄒᆞ야口頭로써其要領을告知ᄒᆞᄂᆞᆫ바오判決宣示에依ᄒᆞ야効力을生홈으로當事者의在廷與否ᄂᆞᆫ不問ᄒᆞᄂᆞᆫ바ㅣ라

IV. 판결의 고지

판결은 구두로써 고지하는 것을 요하며, 이 고지를 선고* 라고 한다. 판결의 선고를 구두로 할 것을 요구하는 것은 공개의 원칙상 필연적이다. 나아가 판결선고는 구두변론이 종결되는 날에 평의가 종결되는 때는 즉석에서 이를 선고하지만, 평의를 거치지 않은 때는 일정한 기간 내로 연기할 수 있다. 또한 판결은 재판장이 판결주문을 서면에 기인하여 낭독 선고해야 하지만 궐석판결에 있어서는 판결주문을 작성하기 전에 이를 선고할 수 있다. 판결의 이유는 선고할 필요가 있는 때에 한하여 구두로써 그 요령을 고지한다. 판결선고에 의하여 효력이 발생하므로 당사자의 재정(在廷)여부는 불문한다.

---

* 원문에서는 선시(宣示)라고 쓰고 있으나 이해의 편의를 위해 이곳에서는 모두 "선고"로 표현하였다.

第五、判決의效力　判決의效力은宣示에依ᄒᆞ야發生ᄒᆞᄂᆞᆫ者와確定을依ᄒᆞ야發生ᄒᆞᄂᆞᆫ差異가有ᄒᆞ니

一、宣示에依ᄒᆞ야生ᄒᆞᄂᆞᆫ效力　宣示에依ᄒᆞ야生ᄒᆞᄂᆞᆫ判決效力은裁判所에對ᄒᆞᄂᆞᆫ效力과當事者에對ᄒᆞᄂᆞᆫ效力이有ᄒᆞ니判決을宣示ᄒᆞᆫ時ᄂᆞᆫ其判決이終局됨과中間됨을不問ᄒᆞ고裁判所ᄂᆞᆫ此에拘束되야後日設或不穩當ᄒᆞᆫ點을發見ᄒᆞ되親自徹消變更ᄒᆞᆷ을不得ᄒᆞ나然이나裁判所意思에違反되ᄂᆞᆫ誤書又ᄂᆞᆫ誤算其他現著ᄒᆞᆫ誤謬가有ᄒᆞᆫ時ᄂᆞᆫ此를更正ᄒᆞᆷ을得ᄒᆞᄂᆞ니是ᄂᆞᆫ但히形上의更正이오實體上其內容에無關ᄒᆞᆫ者ㅣ됨으로職權又ᄂᆞᆫ申提를依ᄒᆞ야何時던지此를更正ᄒᆞᆷ이無妨ᄒᆞᆫ바ㅣ라然而此更

V. 판결의 효력

판결의 효력은 선고에 의하여 발생하는 것과 확정에 의하여 발생하는 차이가 있다.

① 선고에 의하여 생기는 효력

선고에 의하여 생기는 판결효력은 재판소에 대한 효력과 당사자에 대한 효력이 있다. 판결을 선고한 때는 그 판결이 종국적인지 중간적인지를 불문하고 재판소는 이에 구속되어 후일 설혹 온당하지 않은 점을 발견하여도 스스로 작소*·변경할 수 없다. 그러나 재판소의 의사에 위반되는 오서 또는 오산 기타 현저한 오류가 있는 때에는 이를 경정할 수 있다. 이는 단지 외형상의 경정이고 실체상 그 내용과 무관한 것이므로 직권 또는 신청에 의하여 언제든지 이를 경정하여도 무방하다. 나아가 이러한 경

* 작소(繳銷)의 의미에 대해서는 이 책의 제2편 제1장 제1절 제1관 III. 창설의 소 설명 부분 참조.

홈을行홈에는口頭辯論을不經ᄒ고決定으로裁判홈이普通이며且更正은判決의原本及當事者가提出ᄒᆫ正本에此를行ᄒᄂᆞᆫ바ㅣ니更正申提를却下ᄒᆫ決定에對ᄒ야ᄂᆞᆫ上訴를不得ᄒ나更正을宣示ᄒᆫ決定에對ᄒ야ᄂᆞᆫ即時抗告홈을得ᄒᄂᆞᆫ바ㅣ니

尚且主ᄒᆫ請求及附帶ᄒᆫ請求와訴訟費用의全部又一部에對ᄒ야裁判이脫漏된時ᄂᆞᆫ當事者申提를因ᄒ야追加裁判을行ᄒᄂᆞ니追加裁判을請求ᄒᄂᆞᆫ申提ᄂᆞᆫ判決宣示後即地又ᄂᆞᆫ正本送達日로브터起算ᄒ야一定ᄒᆫ期間内에此를行홀지니若此期間을經過ᄒᆫ時ᄂᆞᆫ獨立ᄒᆫ訴訟으로請求ᄒᆷ이아니면不能ᄒᆫ바ㅣ니此

정을 함에는 구두변론을 거치지 아니하고 결정으로 재판하는 것이 보통이며 또한 경정은 판결의 원본 및 당사자가 제출한 정본에 이를 행하게 된다. 경정신청을 각하하는 결정에 대해서는 상소를 할 수 없으나 경정을 선고한 결정에 대해서는 즉시항고를 할 수 있다.

주요한 청구 및 부대청구와 소송비용의 전부 또는 일부에 대하여 재판이 탈루된 때는 당사자 신청에 의해 추가재판을 한다. 추가재판을 청구하는 신청은 판결선고 후 즉석 또는 정본 송달일로부터 기산하여 일정한 기간 내에 이를 하여야 하며, 만약 이 기간이 경과된 때는 독립한 소송으로 청구하지 아니하면 할 수 없게 된다. 나

而追加裁判의申提가有ᄒᆞᆫ時ᄂᆞᆫ即時又新期日을定ᄒᆞ야其脫漏된請求範圍內에서口頭辯論을經ᄒᆞ야追加裁判을行ᄒᆞᄂᆞᆫ바ㅣ며此를送達ᄒᆞᆫ時ᄂᆞᆫ最初判決에對ᄒᆞᄂᆞᆫ上訴期間을不拘ᄒᆞ고新期間이進行ᄒᆞᄂᆞᆫ바ㅣ라

吏ㅣ當事者에對ᄒᆞᄂᆞᆫ效力을略論ᄒᆞ건ᄃᆡ宣示가有ᄒᆞᆫ時ᄂᆞᆫ其送達을不要ᄒᆞ며又確定되믈不待ᄒᆞ고判決에基因ᄒᆞ야訴訟節次를續行ᄒᆞ며當且他에利用ᄒᆞᆷ을得ᄒᆞ나然이나法律에特히送達을要ᄒᆞᆷ을規定이有ᄒᆞᆫ時ᄂᆞᆫ其判決을使用ᄒᆞᆷ을不得ᄒᆞᄂᆞᆫ바ㅣ니其判決에基因ᄒᆞ야即地訴訟節次를續行ᄒᆞᆷ과他에利用ᄒᆞᆷ을得ᄒᆞᄂᆞᆫ境遇ᄂᆞᆫ譬ᄒᆞ면妨訴抗辯棄却의判決이有ᄒᆞᆫ時에其送達을

아가 추가재판의 신청이 있는 때는 즉시 또는 신기일을 정하여 그 탈루된 청구범위 내에서 구두변론을 거쳐 추가재판을 하게 된다. 이를 송달한 때는 최초 판결에 대한 상소기간에도 불구하고 새로운 기간이 진행된다.

다시 당사자에 대한 효력을 간단히 논하면, 선고가 있는 때는 그 송달을 요하지 않으며 확정되는 것을 기다리지 않고 판결에 기인하여 소송절차를 속행하며 또한 다른 곳에 이용하는 것이 가능하다. 그러나 법률에 특히 송달을 요하는 규정이 있는 때는 그 판결을 사용할 수 없다. 그 판결에 기인하여 즉석에서 소송절차를 속행하는 것과 다른 곳에 이용할 수 있는 경우는, 예컨대 방소항변기각의 판결이 있는 때에 그 송달을

不待ᄒᆞ고本案節次를進行ᄒᆞ며判決宣示를基因ᄒᆞ야假執行又ᄂᆞᆫ假處分을申請ᄒᆞᄂᆞᆫ等이是라

二、確定에依ᄒᆞ야生ᄒᆞᄂᆞᆫ效力　判決確定을依ᄒᆞ야生ᄒᆞᄂᆞᆫ效力은形式的及實質的의二種效力이有ᄒᆞ니形式的確定力은故障又ᄂᆞᆫ上訴에依ᄒᆞ야攻擊ᄒᆞ기不能ᄒᆞᆫ程度에達ᄒᆞᆫ效力을謂ᄒᆞᆷ이라即後爲判決及後爲判決과同視ᄒᆞᆫ中間判決에對ᄒᆞ야故障又ᄂᆞᆫ上訴期間을經過ᄒᆞ거나當事者가上訴又ᄂᆞᆫ故障의權利를抛棄ᄒᆞ며上告裁判所에對ᄒᆞ야其宣示가有ᄒᆞᆫ時에即地發生ᄒᆞᄂᆞᆫ效力이니此에依ᄒᆞ야訴訟法上의效力을生ᄒᆞᄂᆞᆫ바ㅣ오實質的確定力은旣히完結ᄒᆞᆫ訴訟以外에及ᄒᆞᄂᆞᆫ效力이니其、

기다리지 않고 본안절차를 진행하며 판결선고에 기인하여 가집행 또는 가처분을 신청하는 등이 이것이다.

② 확정에 의하여 생기는 효력

판결확정에 의하여 생기는 효력은 형식적 및 실질적 2종류가 있는데, 형식적 확정력은 고장* 또는 상소에 의하여 공격할 수 없는 정도에 이른 효력을 말한다. 즉, 종국판결 및 종국판결과 동일시할 중간판결에 대하여 고장 또는 상소기간을 경과하거나 당사자가 상소 또는 고장의 권리를 포기하거나 상고재판소에 있어서는 그 선고가 있는 때에 즉석에서 발생하는 효력이며, 이에 의하여 소송법상의 효력이 발생한다.

실질적 확정력은 이미 완결한 소송 이외에 미치는 효력이다. 그

* 고장(故障)이란 후술하는 바와 같이 해태판결의 결과를 구제하는 방법이다. 이 책의 제2장 변식절차, 제2절 '고장' 참조.

判決事項에對ᄒᆞ야裁判所及當事者又ᄂᆞᆫ第三者를拘束ᄒᆞ고且確定判決에依ᄒᆞ야定ᄒᆞᆫ바法律關係에對ᄒᆞ야更히訴訟을提起ᄒᆞᆫ時ᄂᆞᆫ一事不再理의抗辯을行ᄒᆞᄂᆞᆫ바ㅣ라如斯히確定判決에對ᄒᆞ야實質的効力을與ᄒᆞᆷ은其判決이事件의實質과互相一致ᄒᆞ다ᄒᆞᄂᆞᆫ法律上擬制에基因ᄒᆞᆷ이아니오其事件에對ᄒᆞ야國家權力으로判定ᄒᆞᆷ에不外ᄒᆞᄂᆞ니是以로確定判決에對ᄒᆞ야ᄂᆞᆫ再審의原因을除ᄒᆞᆫ外에其不當ᄒᆞᆷ을主張ᄒᆞ기不能ᄒᆞᆫ바ㅣ며且其効力을生ᄒᆞᆷ에ᄂᆞᆫ果然如何ᄒᆞᆫ範圍에及ᄒᆞᆯ가此에對ᄒᆞ야諸說이不一ᄒᆞ나日本民事訴訟法第二四四條에判決은其主文에包含ᄒᆞᆫ者에限ᄒᆞ야確定力을有ᄒᆞᆷ이라規定ᄒᆞ얏스니

판결사항에 대하여 재판소 및 당사자 또는 제3자를 구속하므로 확정판결에 의하여 정해진 법률관계에 대하여 다시 소송을 제기하는 때에는 일사부재리의 항변을 할 수 있다. 이와 같이 확정판결에 대하여 실질적 효력을 주는 것은 그 판결이 사건의 실질과 상호 일치한다고 하는 법률상 의제에 기인하는 것이 아니고 그 사건에 대하여 국가권력으로 판정하는 것이므로 이로써 확정판결에 대해서는 재심의 원인을 제외하면 그 부당함을 주장할 수 없는 것이다. 또한 그 효력이 발생함에는 과연 어떠한 범위에 미치는가에 대해 여러 학설이 불일치하는데, 일본 민사소송법 제244조에 판결은 그 주문에 포함된 것에 한하여 확정력을 가진다고 규정하고 있으며,

其主文에包含ᄒᆞᆫ者에限ᄒᆞ야確定力이有ᄒᆞ다ᄒᆞᆷ은判決에包括ᄒᆞᆫ請求或法律關係에對ᄒᆞ야効力을有ᄒᆞ다云ᄒᆞᆷ이라故로判決은但主文의文字에限ᄒᆞ야確定力을生ᄒᆞᆷ이아니오又其理由全體가効力을有ᄒᆞᆷ이아니오主文에包含ᄒᆞᆫ理由를並ᄒᆞ야確定ᄒᆞᄂᆞᆫ바ㅣ라ᄒᆞᆷ을지로다

第二欵、決定及命令

決定及命令은實質上又ᄂᆞᆫ形式上爭點에對ᄒᆞ야任意的口頭辯論을経ᄒᆞ며又ᄂᆞᆫ不経ᄒᆞ고行ᄒᆞᄂᆞᆫ바ㅣ裁判으로判決에關ᄒᆞᆫ規定을準用ᄒᆞᄂᆞ니以下略論ᄒᆞ건ᄃᆡ

第一、口頭辯論을経ᄒᆞᆫ決定은此를宣示ᄒᆞᆷ을要ᄒᆞᄂᆞ니故로口頭辯

그 주문에 포함된 것에 한하여 확정력을 가진다는 것은 판결에 포괄한 청구 또는 법률관계에 대하여 효력을 가진다는 것을 말한다. 따라서 판결은 오직 주문의 문자에 한하여 확정력이 생기는 것이 아니며 또한 그 이유 전체가 효력을 가지는 것이 아니며, 주문에 포함된 이유를 함께 확정하는 것이라 할 것이다.

제2관 결정 및 명령

결정 및 명령은 실질상 또는 형식상 쟁점에 대하여 임의적 구두변론을 거치거나 또는 거치지 아니하고 행하는 재판으로 판결에 관한 규정을 준용한다. 이하 간단히 논한다.

I. 구두변론을 거친 결정은 이를 선고함을 요한다.

따라서 구두변

論에基因ᄒᆞᆫ決定은左의三點에對ᄒᆞ야判決과同一ᄒᆞᄂᆞ니

一、決定宣示期日은判決과同一히口頭辯論終結日又ᄂᆞᆫ一定ᄒᆞᆫ期間內에期日을指定ᄒᆞ야此를宣示ᄒᆞᄂᆞᆫ바ㅣ며

二、口頭辯論에基因ᄒᆞ야宣示ᄒᆞᆫ決定은宣示에依ᄒᆞ야効力이生ᄒᆞᆷ이判決과同一히當事者의在廷與否ᄅᆞᆯ不問ᄒᆞ며送達을不待ᄒᆞ고此에依ᄒᆞ야訴訟節次ᄅᆞᆯ續行ᄒᆞ며他에使用ᄒᆞᆷ을得ᄒᆞᄂᆞᆫ바ㅣ며

三、判決은其宣示前又ᄂᆞᆫ原本作成以前에在ᄒᆞ야ᄂᆞᆫ此를送達ᄒᆞ기不能ᄒᆞᆷ과同一히決定에對ᄒᆞ야도亦ᄒᆞᆫ其宣示前又ᄂᆞᆫ原本作成以前에在ᄒᆞ야ᄂᆞᆫ此를送達ᄒᆞ기不能ᄒᆞᆫ바ㅣ라

론에 기인한 결정은 아래의 3가지 점에 대하여 판결과 동일하다.

① 결정선고 기일은 판결과 동일하게 구두변론 종결일 또는 일정한 기간 내에 기일을 지정하여 이를 선고한다.
② 구두변론에 기인하여 선고한 결정은 선고에 의하여 효력이 발생하므로 판결과 동일하게 당사자의 재정(在廷)여부를 불문하며, 송달을 기다리지 않고 이에 의하여 소송절차를 속행하며 다른 곳에 사용할 수 있다.
③ 판결은 그 선고 전 또는 원본 작성 이전에 있어서는 이를 송달할 수 없는 것과 마찬가지로, 결정에 대해서도 또한 그 선고 전 또는 원본작성 이전에 있어서는 이를 송달할 수 없다.

第二、宣示를不為ᄒᆞᆫ決定은職權으로써當事者의게送達ᄒᆞᄂᆞ니宣示치아니ᄒᆞᆫ決定은如何ᄒᆞᆫ時期에成立ᄒᆞᆫ者ㅣ라云ᄒᆞᆯ가此에關ᄒᆞ야學說이區々ᄒᆞ야或送達ᄒᆞᆫ時에成立ᄒᆞᆫ다云ᄒᆞ며又或決定書의原本을作ᄒᆞ야書記의게交付ᄒᆞᆫ時에成立ᄒᆞᆫ다云ᄒᆞ나然이나決定書의送達又ᄂᆞᆫ交付ᄂᆞᆫ決定이有ᄒᆞᆫ後가아니면行ᄒᆞ기不能ᄒᆞᆫ바ㅣ니決定이有ᄒᆞᆫ時에成立ᄒᆞᆫ다云ᄒᆞᆷ이妥當ᄒᆞ며但當事者를拘束ᄒᆞᆷ에ᄂᆞᆫ送達이有ᄒᆞᆫ後됨을要ᄒᆞᆫ다云ᄒᆞᆯ지로다

第三、口頭辯論에基因ᄒᆞᆫ裁判長受命判事又ᄂᆞᆫ受托判事의命令에對ᄒᆞ야ᄂᆞᆫ日本民事訴訟法上에何等의規定이無ᄒᆞ나此ᄂᆞᆫ可히決定에對ᄒᆞᆫ規定을準用ᄒᆞ야此를宣示ᄒᆞᆯ바ㅣ라云ᄒᆞᆯ지며口頭辯論

II. 선고를 하지 아니한 결정은 직권으로 당사자에게 송달하는데,

선고하지 아니한 결정은 어느 시기에 성립하는 것인지에 관하여 학설이 구구하다. 혹은 송달한 때에 성립한다고 하고, 혹은 결정서의 원본을 작성하여 서기에게 교부한 때 성립한다고 한다. 그러나 결정서의 송달 또는 교부는 결정이 있은 후가 아니면 행할 수 없기 때문에 결정이 있는 때에 성립한다고 하는 것이 타당하며 단지 당사자를 구속함에는 송달이 있은 후일 것을 요한다고 할 것이다.

III. 구두변론에 기인한 재판장, 수명판사 또는 수탁판사의 명령에 대하여는 일본 민사소송법상에 어떠한 규정도 존재하지 않는다.

그러나 결정에 대한 규정을 준용하여 이를 선고할 수 있다고 할 것이며, 구두변론

을不從ᄒᆞᆫ命令은職權으로써送達ᄒᆞ며命令成立時期에對ᄒᆞ야ᄂᆞᆫ
決定에對ᄒᆞᆫ理論과同一ᄒᆞᆫ바ㅣ니라
本節에論述ᄒᆞᆫ裁判의種類及性質을明瞭케ᄒᆞ기爲ᄒᆞ야左에圖解를略示ᄒᆞ건ᄃᆡ

- 裁判
  - 判決
    - 終局判決
      - 全部
      - 一部
        - 對席: 此에對ᄒᆞ야ᄂᆞᆫ控訴又ᄂᆞᆫ上告ᄒᆞᆷ을得ᄒᆞᄂᆞ니 是ᄂᆞᆫ民訴「三九六」「四三三」
        - 闕席: 此에對ᄒᆞ야ᄂᆞᆫ故障을申捉ᄒᆞᆷ을得ᄒᆞᄂᆞ니「二五五」但新闕席判決에對ᄒᆞ야ᄂᆞᆫ不許ᄒᆞᄂᆞ니「二六三」新闕席判決에對ᄒᆞ야ᄂᆞᆫ懈怠치아니ᄒᆞᆫ理由가有ᄒᆞᆫ時에控訴、上告를行ᄒᆞᄂᆞ니「三九八但書」「四五四一号」
    - 中間判決
      - 一般의中間判決: 此에對ᄒᆞ야ᄂᆞᆫ終局判決에對ᄒᆞᄂᆞᆫ上訴와倂合ᄒᆞ야不服을申提ᄒᆞᄂᆞᆫ事를得ᄒᆞᄂᆞ니「三九一」「四三三」然이나獨立ᄒᆞ야上訴ᄒᆞᆷ은不許ᄒᆞ니
      - 上訴에關ᄒᆞ야終局判決로看做ᄒᆞᆫ中間判決: 此에對ᄒᆞ야ᄂᆞᆫ終局判決과同一히控訴又ᄂᆞᆫ上告ᄒᆞᆷ을得ᄒᆞᄂᆞ니「二二八」「四三六」「四九三」

을 거치지 않은 명령은 직권으로 송달하며 명령 성립 시기에 대해서는 결정에 대한 이론과 동일하다.

본 절에서 설명한 재판의 종류 및 성질을 명료하게 하기 위하여 아래에 도해를 간단히 제시한다.

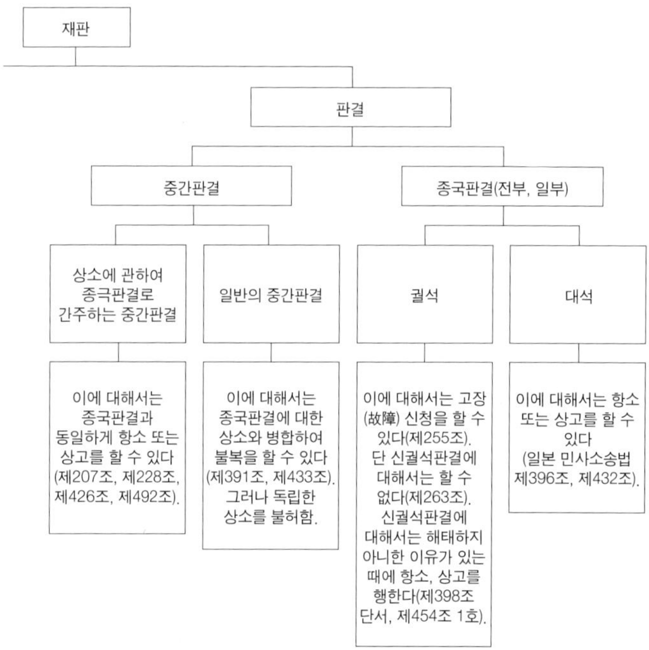

決定(裁判官의裁判) 命令(裁判長의裁判)(此에對ᄒᆞ야ᄂᆞᆫ法律에抗告ᄅᆞᆯ許ᄒᆞ기로視ᄒᆞᆫ境遇에限ᄒᆞ야抗告ᄅᆞᆯ行ᄒᆞᆷ을得ᄒᆞᄂᆞ니四百五十五條)(其他受命判事受託判事ㅣ裁判과書記課處分은(廣義의判決)이라云ᄒᆞᄂᆞ니)(此에對ᄒᆞ야ᄂᆞᆫ受訴裁判所의裁判을求ᄒᆞ고此에對ᄒᆞ야抗告ᄅᆞᆯ行ᄒᆞᆷ을得ᄒᆞᄂᆞ니四百六十五條)

第二章 變式節次

第一節 懈怠判決

民事訴訟法의原則된雙方審理主義ᄂᆞᆫ絶對的으로適用ᄒᆞᆯ진ᄃᆡ訴訟上不利益을受ᄒᆞᄂᆞᆫ當事者一方은其訴訟行為ᄅᆞᆯ懈怠ᄒᆞᆷ으로ᄒᆞ야訴訟의進行及終局을妨害ᄒᆞᆷ이有ᄒᆞ며從ᄒᆞ야原被兩造가口頭辯論期

제2장 변식절차

제1절 해태판결

민사소송법의 원칙인 쌍방심리주의를 적절히 적용하여야 하는데, 소송상 불이익을 받을 당사자 일방은 그 소송행위를 해태하여 소송의 진행 및 종국을 방해할 수 있으며, 따라서 원고와 피고*가 구두변론 기

* 원문에는 원피양조(原被两造)라고 표현되어 있다.

日에出頭치아니ᄒᆞ면訴訟은審理進行ᄒᆞ기不能ᄒᆞᆷ에至ᄒᆞᆯ지니是는當事者一方의不利益될ᄲᅮᆫ아니라公益에有害ᄒᆞᆷ으로當事者一方의陳述을依ᄒᆞ야訴訟을判斷ᄒᆞ며事件을終局ᄒᆞᄂᆞᆫ必要가有ᄒᆞᄂᆞ니是는懈怠郞次가有ᄒᆞᆫ所以며且事實의眞相과符合ᄒᆞᆷ을難保ᄒᆞᆯ지니是는故障의制度가有ᄒᆞᆫ所以라然而懈怠郞次를因ᄒᆞ야行ᄒᆞᄂᆞᆫ判決을闕席判決이라云ᄒᆞ며闕席判決은當事者一方의懈怠結果를基因ᄒᆞ야宣示ᄒᆞᆫ判決이니換言ᄒᆞ면各當事者의게口頭辯論即裁判上에在ᄒᆞ야權利의伸張及防禦를行ᄒᆞᆯ機會를與ᄒᆞ되此를利用치아니ᄒᆞᆫ者의게對ᄒᆞ야懈怠郞次를適用ᄒᆞᄂᆞᆫ바懈怠郞次ᄂᆞᆫ事實의眞相과符合ᄒᆞᆷ與否를不問ᄒᆞ고當事者一方의陳述及申提를因ᄒᆞ야

일에 출두하지 아니하면 소송을 심리, 진행하기 불가능하게 된다. 이는 당사자 일방에게 불이익이 될 뿐만 아니라 공익에도 유해하므로 당사자 일방의 진술에 의하여 소송을 판단하며 사건을 종결할 필요가 있는데, 이는 해태절차가 있는 이유이다. 또한 사실의 진상과 부합하도록 하는 것이 어렵게 되는데, 이는 고장(故障)의 제도가 있는 이유이다. 해태절차로 인하여 행하는 판결을 궐석판결이라 말하며, 궐석판결은 당사자 일방의 해태결과에 기인하여 선고하는 판결이다. 환언하면 각 당사자에게 구두변론, 즉 재판상 권리의 신장 및 방어의 기회를 주고 이를 이용하지 아니하는 자에 대해 해태절차를 적용하는 것이다. 해태절차는 사실의 진상과 부합하는지 여부를 불문하고 당사자 일방의 진술 및 신청에 기하여

裁判을行ᄒᆞᆷ으로一定ᄒᆞᆫ條件이具備ᄒᆞᆷ을要ᄒᆞᄂᆞ니

第一 當事者二方이口頭辯論期日을懈怠히ᄒᆞᆫ事 當事者一方이口頭辯論期日을懈怠히ᄒᆞᆷ이라云ᄒᆞᆷ은受訴裁判所裁判長이指定ᄒᆞᆫ辯論期日에原告或被告가辯論을不行ᄒᆞᆷ을謂ᄒᆞᆷ이며辯論期日은辯論延期期日及辯論續行期日等을包含ᄒᆞᆫ바ㅣ라然而一事件에對ᄒᆞ야數回의期日을要ᄒᆞᆷ이或有ᄒᆞ나辯論은數回에分割ᄒᆞᆷ이아니오數回辯論을統括ᄒᆞ야一個의辯論을構成ᄒᆞᄂᆞᆫ바ㅣ니是以로判決에接着ᄒᆞᆫ期日即最後期日에出頭치아니ᄒᆞᆫ時ᄂᆞᆫ設或前期日에出頭ᄒᆞᆷ이有ᄒᆞᆯ지라도最初브터出頭치아니ᄒᆞᆫ者로看做ᄒᆞ야懈怠의結果를被케ᄒᆞᄂᆞ니是ᄂᆞᆫ日本民事訴訟法第二四九條同

재판을 행하므로 일정한 조건이 구비될 것을 요한다.

I. 당사자 일방이 구두변론 기일을 해태할 것

당사자 일방이 구두변론 기일을 해태하는 것은 수소재판소 재판장이 지정한 변론 기일에 원고 또는 피고가 변론을 하지 아니하는 것을 말하며, 변론 기일은 변론 연기 기일 및 변론 속행 기일 등을 포함한다. 하나의 사건에 대하여 수 회의 기일이 필요한 경우가 간혹 있으나 변론을 수 회에 분할하는 것이 아니라 수 회 변론을 통괄하여 1개의 변론을 구성하는 것이다. 이로써 판결에 기재되어 있는 기일, 즉 최종 기일에 출두하지 아니한 때는 설혹 앞의 기일에 출두하였다고 할지라도 처음부터 출두하지 아니한 것으로 간주하여 해태의 결과를 받도록 하는 것이다. 이는 일본 민사소송법 제249조, 동

二五〇條同二四六條에明示ᄒᆞᆫ바ㅣ라然이나一部의懈怠譬컨任意의退廷其他各個의事實證據又ᄂᆞᆫ發問에對ᄒᆞ야陳述을不爲ᄒᆞᆫ되本案에對ᄒᆞ야辯論을行ᄒᆞᆫ時ᄂᆞᆫ懈怠節次를適用치아니ᄒᆞᄂᆞᆫ바ㅣ라

第二 出頭ᄒᆞᆫ當事者一方으로브터懈怠判決을請求ᄒᆞᄂᆞᆫ申提가有ᄒᆞᆫ事 懈怠判決을請求ᄒᆞᄂᆞᆫ申提가有ᄒᆞᆷ을必要로ᄒᆞᆷ은不干涉主義의原則上當然ᄒᆞᆯ뿐아니라訴訟節次ᄂᆞᆫ對審으로써原則을作ᄒᆞᆷ으로口頭辯論期日에出頭ᄒᆞᆫ當事者一方의申提가有ᄒᆞᆫ時에懈怠判決을行ᄒᆞᆷ을得ᄒᆞᄂᆞᆫ所以라然이나懈怠判決의申提가有ᄒᆞ면恒常懈怠判決을行ᄒᆞᆷ이아니니懈怠判決의申提가有ᄒᆞ되裁判所의

제250조, 동 제246조에 명시되어 있다. 그러나 일부의 해태, 예를 들어 임의의 퇴정, 기타 각개의 사실증거 또는 발문에 대하여 진술을 하지 아니하고 본안에 대하여 변론을 하는 때는 해태절차를 적용하지 아니한다.

II. 출두한 당사자 일방으로부터 해태판결을 청구하는 신청이 있을 것

해태판결을 청구하는 신청이 있을 것을 필요로 하는 것은 불간섭주의의 원칙상 당연할 뿐만 아니라 소송절차는 양당사자를 출석하게 하여 심리하는 것을 원칙으로 하므로 구두변론 기일에 출두한 당사자 일방의 신청이 있는 때에 해태판결을 할 수 있는 것이다. 그러나 해태판결의 신청이 있으면 항상 해태판결을 하는 것은 아니며, 해태판결의 신청이 있어도 재판소가

職權으로써調査ᄒᆞᆫ訴訟條件이欠缺ᄒᆞ며且申提者의게懈怠의原因이有ᄒᆞᆫ時ᄂᆞᆫ其申提를却下ᄒᆞᄂᆞ니左에略論ᄒᆞ노라

一、懈怠判決의申提를却下ᄒᆞᄂᆞᆫ境遇

甲、出頭ᄒᆞᆫ原告或被告가裁判所職權上調査ᄒᆞᆯ事項에對ᄒᆞ야必要ᄒᆞᆫ證明ᄒᆞᆫ時 譬ᄒᆞ건ᄃᆡ訴訟能力又ᄂᆞᆫ法律上代理權의證明이欠缺ᄒᆞ거나裁判所管轄規定에違越ᄒᆞᆫ時等이是오

乙、出頭치아니ᄒᆞᆫ原告或被告의게口頭上事實의供述又ᄂᆞᆫ申提를適當ᄒᆞᆫ時期에書面으로써通知치아니ᄒᆞᆫ時 各當事者ᄂᆞᆫ訴狀又ᄂᆞᆫ答辯書에揭載치아니ᄒᆞᆫ事實上의主張、或證據方法又ᄂᆞᆫ申提에對ᄒᆞ야相對者가豫先穿鑿치아니ᄒᆞ면供述

직권으로 조사할 소송조건에 흠결이 있고 또한 신청자에게 해태의 원인이 있는 때에는 그 신청을 각하하는데, 아래에서 간단히 논한다.

① 해태판결의 신청을 각하하는 경우

甲. 출두한 원고 또는 피고가 재판소 직권상 조사할 사항에 대하여 필요를 증명한 때. 예컨대 소송능력 또는 법률상 대리권의 증명이 흠결되거나 재판소 관할 규정에 위반한 때 등이다.

乙. 출두하지 아니한 원고 또는 피고에게 구두상 사실의 진술 또는 신청을 적당한 시기에 서면으로 통지하지 아니한 때. 각 당사자는 소장 또는 답변서에 게재하지 아니한 사실상의 주장 또는 증거방법 또는 신청에 대하여 상대자가 미리 알아보지 않으면 진술

ᄒᆞ기不能ᄒᆞᆷ으로豫知ᄒᆞᆯ事項이有ᄒᆞᆫ時ᄂᆞᆫ口頭辯論前에其書面을提出ᄒᆞ야相對者의게送達ᄒᆞ야此를準備케ᄒᆞᆯ義務가有ᄒᆞᄂᆞ니出頭ᄒᆞᆫ當事者一方이此義務를履行치아니ᄒᆞᆫ時와如ᄒᆞᆷ이是라

以上甲乙의事情이有ᄒᆞᆫ時ᄂᆞᆫ闕席判決의申提를却下ᄒᆞᄂᆞᆫ바ㅣ니然이나出頭ᄒᆞᆫ當事者가辯論延期를請求ᄒᆞᆷ을得ᄒᆞᆷ으로延期의申提가有ᄒᆞᆫ時ᄂᆞᆫ此를聽許치아니치못ᄒᆞᆯ지며辯論을延期ᄒᆞᆫ時ᄂᆞᆫ新期日을指定ᄒᆞ야當事者雙方을呼出ᄒᆞᄂᆞᆫ바ㅣ라

闕席判決申提를却下ᄒᆞᄂᆞᆫ決定에對ᄒᆞ야ᄂᆞᆫ即時抗告ᄒᆞᆷ을得ᄒᆞᄂᆞ니抗告裁判所가前決定을徵消ᄒᆞᆫ時ᄂᆞᆫ該訴訟은闕席判決却

할 수 없는 것으로 예상되는 사항이 있는 때에는 구두변론 전에 그 서면을 제출하여 상대자에게 송달하여 이를 준비하도록 할 의무가 있으므로 출두한 당사자 일방이 이 의무를 이행하지 아니한 때와 같은 경우가 이것이다.

이상 甲, 乙의 사정이 있는 때는 궐석판결의 신청을 각하한다. 그러나 출두한 당사자가 변론연기를 청구하는 것이 가능하므로 연기의 신청이 있을 때는 이를 허락하지 않을 수 없을 것이며, 변론을 연기한 때는 신기일을 지정하여 당사자 쌍방을 호출한다.

궐석판결 신청을 각하하는 결정에 대해서는 즉시항고 할 수 있으며, 항고재판소가 앞선 결정을 작소(취소)한 때는 그 소송은 궐석판결 각

下決定以前即舊期日程度에回復ᄒᆞᆷ으로原裁判所ᄂᆞᆫ出頭치아니ᄒᆞᆫ者ᄅᆞᆯ新期日에呼出치아니ᄒᆞ고判決을行ᄒᆞᄂᆞᆫ바ㅣ라

二、懈怠判決申提에對ᄒᆞ야辯論을延期ᄒᆞᄂᆞᆫ境遇

甲、出頭치아니ᄒᆞᆫ原告或被告의게適法ᄒᆞᆫ呼出이無ᄒᆞᆫ時 適法ᄒᆞᆫ呼出이無ᄒᆞᆫ時ᄂᆞᆫ呼出이無ᄒᆞᆷ과同一ᄒᆞᆷ으로懈怠의責任을負ᄒᆞᆯ義務가無ᄒᆞ니從ᄒᆞ야懈怠判決을行ᄒᆞ기不能ᄒᆞ며且闕席判決申提ᄅᆞᆯ却下ᄒᆞᆷ이無理ᄒᆞᆷ으로職權으로써辯論期日을延期ᄒᆞᄂᆞᆫ바ㅣ라

乙、出頭치아니ᄒᆞᆫ原告或被告가天災其他不可避ᄒᆞᆯ事變을因ᄒᆞ야出頭ᄒᆞ기不能ᄒᆞᆷ이眞實ᄒᆞᆷ으로認ᄒᆞᆯ事情이有ᄒᆞᆫ時

하 결정 이전, 즉 구기일 정도로 회복하므로 원재판소는 출두하지 아니한 사람을 신기일에 호출하지 아니하고 판결을 하는 것이다.

② 해태판결 신청에 대하여 변론을 연기하는 경우

甲. 출두하지 아니한 원고 또는 피고에게 적법한 호출이 없는 때. 적법한 호출이 없는 때는 호출이 없음과 동일하므로 해태의 책임을 부담할 의무가 없으며, 따라서 해태판결을 하는 것이 불가능하다. 또한 궐석판결 신청을 각하할 이유가 없으므로 직권으로 변론 기일을 연기하는 것이다.

乙. 출두하지 아니한 원고 또는 피고가 자연재해 기타 불가피한 사변으로 인하여 출두하기 불가능하다는 것을 진실한 것으로 인정할 수 있는 사정이 있는 때

其避치못ᄒᆞᆯ事變된與否ᄂᆞᆫ各個境遇에在ᄒᆞ야判斷ᄒᆞᆷ을
事實問題나然이나果然避치못ᄒᆞᆯ事實을因ᄒᆞ야出頭치못
ᄒᆞᆫ者로認ᄒᆞᆫ時ᄂᆞᆫ懈怠判決을行ᄒᆞ기不能ᄒᆞᄂᆞ니辯論期日을
延期ᄒᆞᄂᆞᆫ外에他道가無ᄒᆞᆫ바ㅣ라
以上에陳述ᄒᆞᆫ條件이具備ᄒᆞᆫ時ᄂᆞᆫ懈怠判決을宣示ᄒᆞᆷ을得ᄒᆞ나然이
나其宣示方法에至ᄒᆞ야ᄂᆞᆫ原告가出頭치아니ᄒᆞᆫ境遇와被告가出頭
치아니ᄒᆞᆫ境遇를依ᄒᆞ야相異ᄒᆞᄂᆞ니
第一 原告가出頭치아니ᄒᆞᆫ境遇 口頭辯論期日에原告가出頭치
아니ᄒᆞ고被告가出頭ᄒᆞ야申提가有ᄒᆞ며且懈怠判決을行ᄒᆞᆷ이可
ᄒᆞᆷ으로認ᄒᆞᆫ時ᄂᆞᆫ本案에對ᄒᆞ야調査치아니ᄒᆞ고原告ᄂᆞᆫ其請求를

그 피치 못할 사변이 되는지 여부는 각개 경우에 있어서 판단할 사실문제이지만 진정으로 피치 못할 사실로 인하여 출두하지 못한 것으로 인정되는 때는 해태판결을 할 수 없기 때문에 변론 기일을 연기하는 외에는 다른 방도가 없다.

위에서 진술한 조건이 구비되는 때는 해태판결을 선고하는 것이 가능하지만, 그 선고방법에 있어서는 원고가 출두하지 아니한 경우와 피고가 출두하지 아니한 경우에 따라 상이하다.

I. 원고가 출두하지 아니한 경우

구두변론 기일에 원고가 출두하지 아니하고 피고가 출두하고 신청이 있으며 또한 해태판결을 하는 것이 옳다고 인정되는 때에는 본안에 대해 조사하지 아니하고 원고가 그 청구를

抛棄ᄒᆞᆫ者로推定ᄒᆞ야訴ᄅᆞᆯ却下ᄒᆞᄂᆞᆫ宣示ᄅᆞᆯ行ᄒᆞᄂᆞ니此推定上抛棄ᄅᆞᆯ基因ᄒᆞᄂᆞᆫ却下判決은本案에對ᄒᆞᄂᆞᆫ判決이아님으로其判決이確定ᄒᆞᆫ時ᄂᆞᆫ原告ᄂᆞᆫ其請求ᄒᆞᆫ바私權에對ᄒᆞ야更히起訴치못ᄒᆞᄂᆞᆫ바ㅣ라

第二 被告가出頭치아니ᄒᆞᆫ境遇 口頭辯論期日에被告가出頭치아니ᄒᆞ고原告ᄲᅮᆫ出頭ᄒᆞᆫ境遇에在ᄒᆞ야도訴訟條件의欠缺이無ᄒᆞᆫ時에限ᄒᆞ야本案調査ᄅᆞᆯ行ᄒᆞ야懈怠判決을行ᄒᆞᄂᆞ니是以로原告의請求가正當ᄒᆞᆷ으로認ᄒᆞᆫ時에限ᄒᆞ야被告의敗訴ᄅᆞᆯ宣示ᄒᆞ며請求가無理ᄒᆞᆫ時ᄂᆞᆫ却下判決을行ᄒᆞᆷ으로被告가出頭치아니ᄒᆞᆫ境遇에ᄂᆞᆫ恒常不利益ᄒᆞᆫ結果ᄅᆞᆯ受ᄒᆞᆫ다云치못ᄒᆞᄂᆞᆫ바ㅣ라

포기한 것으로 추정하여 소를 각하하는 선고를 한다. 이러한 추정상 포기에 기인하는 각하판결은 본안에 대한 판결이므로 그 판결이 확정되면 원고는 그 청구한 사권에 대해 다시 소를 제기하지 못하게 된다.

II. 피고가 출두하지 아니한 경우

구두변론 기일에 피고가 출두하지 아니하고 원고만 출두한 경우에는 소송조건의 흠결이 없는 경우에 한하여 본안조사를 행하여 해태판결을 한다. 따라서 원고의 청구가 정당한 것으로 인정되는 때에 한하여 피고의 패소를 선고하며, 청구가 이유가 없는 때는 각하판결을 행하므로 피고가 출두하지 아니한 경우에는 항상 불이익한 결과를 받는다고 할 수는 없다.

第二節 故障

故障은懈怠判決의結果를救濟ᄒᆞᄂᆞᆫ方法이니即懈怠判決의宣示를受ᄒᆞᆫ當事者로브터行ᄒᆞᄂᆞᆫ不服申提의方法이라故로故障의申提ᄂᆞᆫ懈怠判決을受ᄒᆞᆫ原告或被告가其判決을行ᄒᆞᆫ裁判所에對ᄒᆞ야行ᄒᆞᄂᆞᆫ바ㅣ오上訴와如히上級裁判所에對ᄒᆞ야行ᄒᆞᄂᆞᆫ바ㅣ아니나然이나懈怠判決의申提를行ᄒᆞᆫ原告或被告가其判決에對ᄒᆞ야不服ᄒᆞᆯ時ᄂᆞᆫ通常上訴方法을依치아니ᄒᆞ면救濟ᄒᆞ기不能ᄒᆞᆫ바ㅣ라然而故障의申提ᄂᆞᆫ懈怠判決送達을受ᄒᆞᆫ日로브터一定ᄒᆞᆫ期間內에行ᄒᆞᆯ지며此期間은不變期間의一種됨으로裁判所의職權又ᄂᆞᆫ當事者의合意로써此를伸縮ᄒᆞ기不能ᄒᆞ나然이나判決送達을受ᄒᆞᆫ者ㅣ外国에在

제2절 고장(故障)

고장은 해태판결의 결과를 구제하는 방법이다. 즉 해태판결의 선고를 받은 당사자로부터 행해지는 불복신청의 방법이다. 그러므로 고장의 신청은 해태판결을 받은 원고 또는 피고가 그 판결을 한 재판소에 대하여 행하는 것이고 상소와 같이 상급재판소에 대하여 행하는 것이 아니다. 그러나 해태판결의 신청을 한 원고 또는 피고가 그 판결에 대하여 불복할 때는 통상 상소방법에 의하지 아니하면 구제가 불가능하다. 고장의 신청은 해태판결 송달을 받은 날로부터 일정한 기간 내에 행해야 하며, 그 기간은 불변기간의 일종이므로 재판소의 직권 또는 당사자의 합의에 의해 이를 신축하는 것이 불가능하다. 그러나 판결 송달을 받을 자가 외국에 있

ᄒᆞ거나公示送達을依ᄒᆞᆫ事情이有ᄒᆞᆫ時ᄂᆞᆫ此期間을絶對的으로適用ᄒᆞ기不能ᄒᆞᆷ으로裁判所ᄂᆞᆫ判決中에適當ᄒᆞᆫ故障期間을定ᄒᆞ며又ᄂᆞᆫ後日에口頭辯論을不經ᄒᆞ고決定으로伸定ᄒᆞ야當事者의게送達ᄒᆞᄂᆞᆫ바ㅣ라然而故障은判決送達前에在ᄒᆞ야도申提ᄒᆞᆷ을得ᄒᆞᄂᆞ니是ᄂᆞᆫ故障이上訴와相異ᄒᆞᆫ所以며故障申提의方式에至ᄒᆞ야ᄂᆞᆫ一定ᄒᆞᆫ要件을具備ᄒᆞᆫ書面을受訴裁判所에提出ᄒᆞ야行ᄒᆞᄂᆞ니

第一 故障의申提를受ᄒᆞᆫ바闕席判決의表示 判決의表示를必要로ᄒᆞᄂᆞᆫ所以ᄂᆞᆫ如何ᄒᆞᆫ裁判(判決)에對ᄒᆞ야故障을申提ᄒᆞᆫ事를明確히ᄒᆞᆷ을爲ᄒᆞᆷ이라然이나判決의全文을表示ᄒᆞᆷ을要치아니ᄒᆞᆷ으로單히何年何號何々事件에對ᄒᆞ야何年何月何裁判所에셔宣示ᄒᆞᆫ

거나 공시송달에 의할 사정이 있을 때에는 이 기간을 절대적으로 적용하는 것이 불가능하므로 재판소는 판결 중에 적당한 고장기간을 정하거나 또는 후일에 구두변론을 거치지 아니하고 결정으로 정하여 당사자에게 송달하는 것이다. 고장은 판결송달 전에도 신청할 수 있는데, 이는 고장이 상소와 상이하기 때문이며, 고장신청의 방식은 일정한 요건을 구비한 서면을 수소재판소에 제출하여 행한다.

I. 고장의 신청을 받은 해당 궐석판결의 표시

판결의 표시를 필요로 하는 이유는 어느 판결에 대하여 고장을 신청한 것인지 명확히 하기 위해서이다. 그러나 판결의 전문을 표시할 필요는 없으므로 단지 몇 년, 몇 호, 어떤 사건에 대하여 몇 년, 몇 월, 어떤 재판소에서 선고한

闕席判決이라記載홈이無妨ᄒᆞ니라

第二 闕席判決에對ᄒᆞᄂᆞᆫ故障의申提 是以로單히闕席判決을表示ᄒᆞ고此에對ᄒᆞᄂᆞᆫ故障申提의趣旨를表示치아니ᄒᆞᆫ時ᄂᆞᆫ故障申提의要件을欠缺홈으로其効가無홈은勿論이나然이나故障을申提홈에ᄂᆞᆫ故障을申提ᄒᆞᄂᆞᆫ趣旨를書面으로表示ᄒᆞᆯ뿐이오特히故障이라云ᄒᆞᄂᆞᆫ文字를表示홈을不要ᄒᆞᄂᆞᆫ바ㅣ며其他故障申提書에ᄂᆞᆫ本案辯論을準備ᄒᆞᆯ必要事項을記載홈을得ᄒᆞᄂᆞᆫ바라

故障申提가有ᄒᆞᆫ時ᄂᆞᆫ受訴裁判所裁判長은故障이適法ᄒᆞᆫ與否即判然히許치못ᄒᆞᆯ故障된與否法律上方式의適否又ᄂᆞᆫ期間을經過ᄒᆞᆫ與否等을審査ᄒᆞ야適法치아니홈으로認ᄒᆞᆫ時ᄂᆞᆫ命令으로ᄡᅥ却下

궐석판결이라고 기재해도 무방하다.

II. 궐석판결에 대한 고장의 신청

단지 궐석판결을 표시하고 이에 대한 고장신청의 취지를 표시하지 아니하는 때에는 고장신청의 요건을 흠결하므로 그 효과가 없음은 물론이지만, 고장의 신청을 함에 있어서는 고장을 신청하는 취지를 서면으로 표시할 뿐이고 특별히 '고장'이라는 문자를 표시할 필요는 없다. 그 밖에 고장신청서에는 본안변론을 준비할 필요사항을 기재할 수 있다.

고장신청이 있는 때는 수소재판소 재판장은 고장이 적법한지 여부, 즉 명백히 허용할 수 없는 고장인지 여부, 법률상 방식의 적부 또는 기간을 경과하였는지 여부 등을 심사하여 적법하지 아니한 것으로 인정되는 때는 명령으로 각하

ᄒᆞ며適法ᄒᆞᆷ으로認ᄒᆞᆫ時ᄂᆞᆫ故障申提書를相對者의게送達케ᄒᆞᆷ과共히故障에對ᄒᆞᄂᆞᆫ辯論期日을定ᄒᆞ야當事者雙方을呼出ᄒᆞᄂᆞᆫ바라

然而故障에對ᄒᆞᄂᆞᆫ辯論期日에在ᄒᆞ야ᄂᆞᆫ单히故障의適否를審査ᄒᆞᆯ뿐아니라本案에對ᄒᆞᄂᆞᆫ新辯論을幷行케ᄒᆞᄂᆞᆫ바니라

故障申提를因ᄒᆞ야開始ᄒᆞᆫ辯論期日에在ᄒᆞ야ᄂᆞᆫ裁判所ᄂᆞᆫ職權으로써更히故障의適否를調査ᄒᆞ야適法치아니ᄒᆞᆷ으로認ᄒᆞᆯ時ᄂᆞᆫ判決로써故障을棄却ᄒᆞ며適法ᄒᆞᆷ으로認ᄒᆞᆯ時ᄂᆞᆫ訴訟을懈怠前程度에回復ᄒᆞ야審理進行ᄒᆞᄂᆞᆫ바故障申提를行ᄒᆞᆫ當事者가新辯論期日又ᄂᆞᆫ延期期日에出頭치아니ᄒᆞ거나辯論을不行ᄒᆞᆫ時ᄂᆞᆫ日本民事訴訟法第二五二條同二五四條의境遇를除ᄒᆞᆫ外에出頭ᄒᆞᆫ當事者의申

하며, 적법한 것으로 인정되는 때는 고장신청서를 상대방에게 송달하도록 함과 동시에 고장에 대한 변론 기일을 정하여 당사자 쌍방을 호출한다. 나아가 고장에 대한 변론 기일에 있어서는 단지 고장의 적부를 심사할 뿐 아니라 본안에 대한 신변론을 병행하도록 한다.

고장신청으로 인하여 개시된 변론 기일에 재판소는 직권으로 다시 고장의 적부를 조사하여 적법하지 아니한 것으로 인정하는 때는 판결로 고장을 기각하며 적법한 것으로 인정하는 때는 소송은 해태 전 정도에 회복하여 심리를 진행하는데, 고장신청을 한 당사자가 신변론 기일 또는 연기 기일에 출두하지 아니하거나 변론을 하지 아니하는 때는 일본 민사소송법 제252조, 동 254조의 경우를 제외하고는 출두한 당사자의 신

提를因ᄒᆞ야故障을棄却ᄒᆞ는判決을行ᄒᆞ니此를新闕席判決이라云ᄒᆞ며新闕席判決에對ᄒᆞ야는故障申提를不許ᄒᆞ며唯一定ᄒᆞᆫ條件으로써控訴를行ᄒᆞᆯᄲᅮᆫ이다然而新辯論에基因ᄒᆞᆫ判決이前에宣示ᄒᆞᆫ判決과符合ᄒᆞᆫ時는闕席判決을維持ᄒᆞ는判決을行ᄒᆞ며符合치아니ᄒᆞᆫ時는闕席判決을廢棄ᄒᆞ고更히相當ᄒᆞᆫ判決을行ᄒᆞ는바ㅣ니蓋闕席判決에對ᄒᆞ는適法의故障申提는其訴訟으로ᄒᆞ야곰闕席前程度에回復케ᄒᆞ는效力이有ᄒᆞᆷ으로前闕席判決趣旨에拘束될必要가無ᄒᆞᆷ과如ᄒᆞ나然이나闕席前程度에回復ᄒᆞᆫ다云ᄒᆞᆷ은實體上事件辯論에關ᄒᆞᆯᄲᅮᆫ이오形式上에在ᄒᆞ야는故障申提가有ᄒᆞ되闕席判決의效力은依然存在ᄒᆞᆷ으로從ᄒᆞ야

청으로 인하여 고장을 기각하는 판결을 행한다. 이를 신궐석판결이라 말하며, 신궐석판결에 대하여는 고장신청을 허용하지 아니하며, 오직 일정한 조건하에 항소를 할 수 있을 뿐이다. 신변론에 기인하는 판결이 그 전에 선고한 판결과 부합하는 때에는 궐석판결을 유지하는 선고를 행하며, 부합하지 아니할 때는 궐석판결을 폐기하고 다시 상당한 판결을 행한다. 보통 궐석판결에 대한 적법한 고장신청은 그 소송을 궐석 전 정도로 회복하게 하는 효력이 있으므로 전 궐석판결 취지에 구속될 필요가 없으나 궐석 전 정도에 회복한다는 것은 실체상의 사건 변론에 관한 것뿐이고 형식상에 있어서는 고장신청이 있지만 궐석판결의 효력은 그대로 존재하기 때문에

其判決에基因ᄒᆞᆫ假執行宣示가有ᄒᆞᆫ時ᄂᆞᆫ強制執行을行得ᄒᆞᄂᆞ니
故로新辯論에基因ᄒᆞᄂᆞᆫ判決은此形式上의存在를廢棄又ᄂᆞᆫ維持
ᄒᆞᄂᆞᆫ判決의標準을明定ᄒᆞᆫ바된ᄂᆞᆫ所以라
故障의抛棄及取下에對ᄒᆞ야ᄂᆞᆫ第二審即控訴의抛棄及取下에關
ᄒᆞᄂᆞᆫ規定을準用케ᄒᆞᆷ이現行日本民事訴訟法의精神이니蓋故障
又ᄂᆞᆫ控訴ᄂᆞᆫ二者가共히判決에對ᄒᆞᄂᆞᆫ不服申提됨으로控訴에關ᄒᆞᆫ
規定을準用케ᄒᆞᆷ이나控訴章에至ᄒᆞ야ᄂᆞᆫ抛棄에關ᄒᆞᆫ規定이欠缺
ᄒᆞᆷ으로故障의抛棄云々文字ᄂᆞᆫ何等의意味가無ᄒᆞᆷ에至ᄒᆞᆫ바ㅣ라然
而獨逸民事訴訟法에在ᄒᆞ야ᄂᆞᆫ其第四七五條에判決宣示後에陳
述ᄒᆞᆫ控訴權抛棄와效力은相對者가其抛棄를承諾ᄒᆞᆫ與否에無關

그 판결에 기인한 가집행선고가 있을 때는 강제집행을 행할 수 있다. 따라서 신변론에 기인한 판결은 이러한 형식상의 존재를 폐기 또는 유지하는 판결의 표준을 명확히 정하는 것이 되어야 한다.

고장의 포기 및 취하에 대해서는 제2심, 즉 항소의 포기 및 취하에 관한 규정을 준용하도록 하는 것이 현행 일본 민사소송법의 정신이다. 일반적으로 고장 또는 항소는 둘 다 모두 판결에 대한 불복신청이므로 항소에 관한 규정을 준용하도록 하지만, '항소 장(章)'에서는 포기에 관한 규정이 없으므로 고장의 포기라고 하는 문자는 아무런 의미도 없는 것이다. 독일 민사소송법에 있어서는 그 제475조에서 판결선고 후에 진술한 항소권 포기의 효력은 상대자가 그 포기를 승인하였는지 여부와 무관

ᄒᆞ다ᄒᆞ얏스며同四七六條에控訴의取下ᄂᆞᆫ被控訴人이口頭辯論을
開始ᄒᆞ기ᄭᆞ지에限ᄒᆞ야其承諾을不待ᄒᆞ고此ᄅᆞᆯ行ᄒᆞᆷ을得ᄒᆞᆷ이라
規定ᄒᆞᆷ으로從ᄒᆞ야同三一一條에故障의抛棄及取下에關ᄒᆞ야ᄂᆞᆫ控
訴의關ᄒᆞᆫ規定은準用ᄒᆞ라ᄒᆞᆷ이妥當ᄒᆞ나此와反ᄒᆞ야日本民事訴
訟法에在ᄒᆞ야ᄂᆞᆫ第三九九條ᄂᆞᆫ獨逸訴訟法第四七六條規定과同
一ᄒᆞ나獨逸訴訟法第四七五條에該當ᄒᆞᆫ規定이脫漏됨으로右와
如ᄒᆞᆫ結果가生ᄒᆞᆷ에至ᄒᆞᆫ바ㅣ라
以上은故障에關ᄒᆞᆫ一般의通則을說明ᄒᆞᆫ바ㅣ니第一審裁判됨과上
級審裁判됨을不問ᄒᆞ며本訴又ᄂᆞᆫ反訴其他終局判決及中間判決
됨을不問ᄒᆞ고總히懈怠判決에對ᄒᆞᄂᆞᆫ救濟의方法으로一般히適

하다고 하고 있으며, 동 제476조에서 항소의 취하는 피항소인이 구두변론을 개시할 때까지에 한하여 그 승낙을 기다리지 않고 이를 행할 수 있다고 규정하고 있기 때문에 동 제311조의 고장의 포기 및 취하에 관해서는 항소에 관한 규정을 준용하도록 하는 것이 타당하다. 이에 반해 일본 민사소송법에 있어서는 제399조가 독일 민사소송법 제476조 규정과 동일하지만 독일 민사소송법 제475조에 해당하는 규정이 존재하지 않아 위에서와 같은 결과가 생기게 되는 것이다.

이상은 고장에 관한 일반적인 통칙을 설명한 것인데, 제1심 재판인지 상급심 재판인지를 불문하며, 본안 또는 반소 기타 종국판결 및 중간판결인지를 불문하고 모두 해태판결에 대한 구제의 방법으로 일반적으로 적

用ᄒᆞᄂᆞᆫ바ㅣ라

第三章 區裁判所訴訟節次

第一節 通常節次

區裁判所事物管轄은大槪簡易又ᄂᆞᆫ急速을要ᄒᆞᄂᆞᆫ事件에無過ᄒᆞ
ᄂᆞ니此를審理ᄒᆞᄂᆞᆫ裁判所의構成에至ᄒᆞ야도單獨制됨으로地方
裁判所와如히裁判長、受命判事等制度가無ᄒᆞ며從ᄒᆞ야訴訟節
次에至ᄒᆞ야도地方裁判所에比ᄒᆞ야簡易且迅速ᄒᆞ니是卽地方裁
判所第一審訴訟節次와區裁判所訴訟節次間에多少의差異가
有ᄒᆞᆷ을可知ᄒᆞᆯ지니日本民事訴訟法第三七三條를據ᄒᆞ건ᄃᆡ區裁
判所通常訴訟節次에對ᄒᆞ야ᄂᆞᆫ區裁判所의構成又ᄂᆞᆫ第一編及本

용되는 것이다.

제3장 구재판소 소송절차

제1절 통상절차

구재판소 사무관할은 대개 간이 또는 급속을 요하는 사건에 지나지 않으므로 이를 심리하는 재판소의 구성에 있어서도 단독제로 하고 지방재판소와 같이 재판장·수명판사 등의 제도가 없기 때문에 소송절차에 있어서도 지방재판소에 비하여 간이하고 또한 신속하다. 이에 지방재판소 제1심 소송절차와 구재판소 소송절차 사이에 다소의 차이가 있음을 알 수 있다. 일본 민사소송법 제373조를 예로 들면 구재판소 통상 소송절차에 대해서는 구재판소의 구성 또는 제1편 및 본

節規定을依하야差異가生치아니하는限度에는地方裁判所訴訟節次에關한規定을適用하라하얏스니故로區裁判所訴訟節次의如何함을論述함에는地方裁判所節次와相異한部分을摘示함이更宜한지라左에此를略論코저하노니

第一 訴의提起

原告가訴를提起함에는書面又는口頭로써行함이自由되며且當事者雙方이別로辯論期日을指定을不要하고通常裁判所에裁判所에出頭하야訴訟에關한辯論을行得하느니如斯한時는訴의提起는當事者口頭演述에依하야成立함으로訴의提起와權利拘束은同時에發生하는바ㅣ니

第二 應訴期間

地方裁判所節次에在하야는訴狀送達과口頭辯

절 규정에 의하여 차이가 생기지 않는 한도에서 지방재판소 소송절차에 관한 규정을 적용하도록 하고 있다. 따라서 구재판소 소송절차가 어떠한지를 논술함에는 지방재판소 절차와 상이한 부분을 적시하는 것이 편리하므로 아래에서 이를 간단히 논하고자 한다.

I. 소의 제기

원고가 소를 제기함에는 서면 또는 구두로써 행할 자유가 있으며 또한 당사자 쌍방이 별도로 변론 기일을 지정할 필요 없이 통상재판일에 재판소에 출두하여 소송에 관한 변론을 행할 수 있다. 이와 같은 때는 소의 제기는 당사자의 구두연술에 의하여 성립하므로 소의 제기와 권리구속* 은 동시에 발생하는 것이다.

II. 응소기간

지방재판소 절차에 있어서는 소장 송달과 구두변

* 현재의 '소송계속'에 해당하는 말이라는 것은 앞에서 살펴보았다.

論間에少ᄒᆞ야도二十日의期間을要ᄒᆞᆫ지나區裁判所館次에在ᄒᆞ야ᄂᆞᆫ三日의時間을要ᄒᆞ며急迫ᄒᆞᆫ境遇에在ᄒᆞ야ᄂᆞᆫ二十四時間ᄭᆞ지短縮ᄒᆞᆷ을得ᄒᆞ며其他外國으로送達ᄒᆞᆫ境遇에ᄂᆞᆫ其狀況을依ᄒᆞ야裁判所가相當ᄒᆞᆫ時間을定ᄒᆞᄂᆞᆫ바ㅣ며

第三 訴訟準備 地方裁判所에在ᄒᆞ야ᄂᆞᆫ訴狀을送達ᄒᆞᆯ際에答辯書提出을被告의게催告ᄒᆞ야此를提出케ᄒᆞᆷ이普通이나區裁判所에在ᄒᆞ야ᄂᆞᆫ單히訴狀을送達ᄒᆞᆯᄲᅮᆫ이오準備書面의交換을不要ᄒᆞᄂᆞᆫ바며但相對者가豫先通知ᄅᆞᆯ受치아니ᄒᆞ면陳述ᄒᆞ기不能ᄒᆞᆯ事項에對ᄒᆞ야ᄂᆞᆫ口頭辯論前에在ᄒᆞ야直接으로相對者의게通知ᄒᆞᄂᆞᆫ바ㅣ며

론 사이에 적어도 20일의 기간이 필요하지만, 구재판소 절차에 있어서는 3일의 시간이 필요하며 급박한 경우에 있어서는 24시간까지 단축할 수 있다. 기타 외국으로 송달할 경우에는 그 상황에 따라 재판소가 상당한 시간을 정한다.

III. 소송준비

지방재판소에 있어서는 소장을 송달할 때에 답변서 제출을 피고에게 최고하여 이를 제출하도록 함이 보통이지만, 구재판소에 있어서는 오로지 소장을 송달할 뿐 준비서면의 교환이 필요하지 않다. 다만 상대자가 미리 통지를 받지 아니하면 진술할 수 없는 사항에 대해서는 구두변론 전에 직접 상대자에게 통지하여야 한다.

第四 妨訴抗辯 地方裁判所에在ᄒᆞ야ᄂᆞᆫ數個의妨訴抗辯을本案辯論前에同時提出ᄒᆞᆷ을得ᄒᆞ며且此에依ᄒᆞ야本案辯論을拒絶ᄒᆞᆷ을得ᄒᆞ나區裁判所에在ᄒᆞ야ᄂᆞᆫ管轄違의抗辯을除ᄒᆞᆫ外에本案辯論前에在ᄒᆞ야多數의抗辯을同時提出ᄒᆞᆷ을不得ᄒᆞ며且此에依ᄒᆞᆫ本案辯論의拒絶을不得ᄒᆞ며唯裁判所ㅣ職權으로써妨訴抗辯에對ᄒᆞ야辯論을分離케ᄒᆞᆯ뿐이며

第五 申提及陳述 地方裁判所에在ᄒᆞ야ᄂᆞᆫ判決을受ᄒᆞᆯ事項은書面에基因ᄒᆞ야申提ᄒᆞᆷ을要ᄒᆞ나區裁判所에在ᄒᆞ야ᄂᆞᆫ口頭로써起訴ᄒᆞᆷ을許ᄒᆞ며準備書面의交換을要치아니ᄒᆞᆷ으로從ᄒᆞ야此規定을適用치아니ᄒᆞ나唯裁判所의意見을依ᄒᆞ야必要로認ᄒᆞᆫ事項

IV. 방소항변

지방재판소에 있어서는 수 개의 방소항변을 본안변론 전에 동시 제출할 수 있으며 또한 이에 의하여 본안변론을 거절할 수 있으나, 구재판소에 있어서는 관할위반의 항변을 제외하고 본안변론 전에 다수의 항변을 동시 제출할 수 없으며 또한 이에 의해서는 본안변론의 거절을 할 수 없으며 오직 재판소의 직권으로 방소항변에 대하여 변론을 분리할 수 있을 뿐이다.

V. 신청 및 진술

지방재판소에 있어서는 판결을 받을 사항은 서면에 의해 신청하는 것이 필요하지만, 구재판소에 있어서는 구두로 소를 제기하는 것이 허용되며 준비서면의 교환이 필요하지 아니하므로 이 규정을 적용하지 아니한다. 다만 재판소의 의견에 의하여 필요하다고 인정하는 사항에限ᄒᆞ야調書에記載ᄒᆞᆷ을得ᄒᆞ며且區裁判所에在ᄒᆞ야ᄂᆞᆫ前述ᄒᆞᆷ과갓치受命判事의制度가無ᄒᆞᆷ으로計筭書件及其他準備節次의視察을適用치아니ᄒᆞᄂᆞᆫ바ㅣ며

第六 和解

和解를行코자ᄒᆞᄂᆞᆫ者ᄂᆞᆫ其事件의事物管轄을不拘ᄒᆞ고相對者를其普通裁判籍이有ᄒᆞᆫ區裁判所에呼出ᄒᆞᆯ事를申提ᄒᆞᆷ을得ᄒᆞ며此申提ᄂᆞᆫ書面又口頭로써行ᄒᆞᆷ을得ᄒᆞᄂᆞᆫ바ㅣ相對者와共히出頭ᄒᆞ야和解가成ᄒᆞᆫ時ᄂᆞᆫ書記ᄂᆞᆫ其調書를作ᄒᆞ야此를明確히ᄒᆞᄂᆞᆫ바ㅣ며且和解調書ᄂᆞᆫ強制執行의債務名義를成ᄒᆞᆯ지나和解가不成ᄒᆞᆫ時ᄂᆞᆫ當事者雙方申提를依ᄒᆞ야直地訴訟에對ᄒᆞᄂᆞᆫ辯論을行ᄒᆞᆷ이普通이며呼出을受ᄒᆞᆫ相對者가期

에 한하여 조서에 기재할 수 있다. 또한 구재판소에 있어서는 앞에서 언급한 바와 같이 수명판사 제도가 없으므로 계산사건 및 기타 준비절차의 규정을 적용하지 아니한다.

VI. 화해

화해를 하고자 하는 자는 그 사건의 사물관할이 어떠한지와 상관없이 상대자를 그 보통재판적이 있는 구재판소에 호출할 것을 신청할 수 있다. 이 신청은 서면 또는 구두로써 할 수 있는데, 상대자와 함께 출두하여 화해가 성립하는 때에는 서기는 그 조서를 작성하여 이를 명확히 한다. 또한 화해조서는 강제집행의 채무명의가 되지만, 화해가 성립되지 아니한 때에는 당사자 쌍방의 신청에 의하여 즉석에서 소송에 대한 변론을 행하는 것이 보통이다. 호출을 받은 상대자가 기

日에出頭치아니ᄒᆞ거나其他訴訟에對ᄒᆞᄂᆞᆫ辯論을直行ᄒᆞ기不能ᄒᆞᆫ時ᄂᆞᆫ更히通常節次를依ᄒᆞ야訴를提起ᄒᆞᄂᆞᆫ바ㅣ라

第二節 督促節次

督促節次ᄂᆞᆫ簡易ᄒᆞᆫ節次로써事件을完結ᄒᆞ야執行을行ᄒᆞᆯ事를目的ᄒᆞᄂᆞᆫ節次ㅣ니譬컨一定ᄒᆞᆫ金額의支撥其他代替物又ᄂᆞᆫ有價證券의一定ᄒᆞᆫ數量의給付를目的ᄒᆞᄂᆞᆫ財產權上請求에對ᄒᆞ야債務者ᄂᆞᆫ債務를承認ᄒᆞ믈不拘ᄒᆞ고其履行을不爲ᄒᆞ거나懈怠히ᄒᆞᆯ時換言ᄒᆞ면無爭ᄒᆞᆫ請求에對ᄒᆞ야ᄂᆞᆫ鄭重ᄒᆞᆫ節次로써權利有無를判定ᄒᆞᆷ을必要가無ᄒᆞ며單純ᄒᆞᆫ申請方法을依ᄒᆞ야强制執行의名義로權利를實行ᄒᆞᆷ이寧宜ᄒᆞᄂᆞ니故로督促節次에在ᄒᆞ야ᄂᆞᆫ其請求의性質이

일에 출두하지 아니하거나 기타 소송에 대한 변론을 바로 할 수 없는 때는 다시 통상절차에 의하여 소를 제기하여야 한다.

제2절 독촉절차

독촉절차는 간이한 절차로써 사건을 완결하여 집행을 행하는 것을 목적으로 하는 절차이다. 예컨대 일정한 전액의 지발 기타 대체물 또는 유가증권의 일정한 수량의 급부를 목적으로 하는 재산권상 청구에 대하여 채무자가 채무를 승인함에도 불구하고 그 이행을 하지 않거나 해태하는 때, 환언하면 다툼이 없는 청구에 대해서는 무거운 절차로써 권리유무를 판정할 필요가 없으며, 단순한 신청방법에 의하여 강제집행의 명의로 권리를 실행함이 마땅하므로 독촉절차에 있어서는 그 청구의 성질이

無爭ᄒᆞᆫ法律關係됨을要ᄒᆞᄂᆞᆫ바ㅣ라

凡訴訟은當事者雙方을審理ᄒᆞ며且口頭辯論을經ᄒᆞ야曲直을判斷ᄒᆞᆷ이原則이나督促節次에在ᄒᆞ야ᄂᆞᆫ單히債權者의申請과書面審理主義를依ᄒᆞ야一個附條件命令을發ᄒᆞᄂᆞᆫ바督促節次에管轄裁判所ᄂᆞᆫ通常의事物管轄과相異ᄒᆞ야恒常債務者의普通裁判籍又ᄂᆞᆫ不動産上普通裁判籍을有ᄒᆞᆫ區裁判所管轄에屬ᄒᆞᆫ바ㅣ라

第一 督促節次의要件

一 督促節次를行ᄒᆞᄂᆞᆫ請求ᄂᆞᆫ一定ᄒᆞᆫ金額의支撥其他代替物又ᄂᆞᆫ有價證券의一定ᄒᆞᆫ數量의給付를目的ᄒᆞᆷ을要ᄒᆞᄂᆞ니其請求의原因은契約에基因ᄒᆞᆷ과不法行爲又ᄂᆞᆫ手形行爲를有ᄒᆞᆷ을

다툼이 없는 법률관계일 것을 요하는 것이다. 보통 소송은 당사자 쌍방을 심리하며 또한 구두변론을 거쳐 옳고 그름을 판단하는 것이 원칙이지만, 독촉절차에 있어서는 단지 채권자의 신청과 서면심리주의에 의하여 1개 조건부 명령을 발하는 것이다. 독촉절차의 관할재판소는 통상의 사물관할과 달리 항상 채무자의 보통재판적 또는 부동산상 보통재판적을 가지는 구재판소 관할에 속한다.

I. 독촉절차의 요건

① 독촉절차로써 행하는 청구는 일정한 금액의 지발 기타 대체물 또는 유가증권의 일정한 수량의 급부를 목적으로 함을 요한다. 그 청구의 원인은 계약에 기인하는 것인지 불법행위 또는 어음행위에 있는 것인지를

不問ᄒᆞᄂᆞᆫ바ㅣ며

二 債權者의請求ᄂᆞᆫ單純ᄒᆞᆷ을要ᄒᆞᄂᆞ니若反對給付를行ᄒᆞᆷ이可ᄒᆞᆫ事件될時ᄂᆞᆫ直時債務履行을強制ᄒᆞ기不能ᄒᆞ며從ᄒᆞ야簡易訴訟節次의目的에違反되ᄂᆞᆫ所以니其反對給付를行ᄒᆞᆷ이可ᄒᆞᆫ事件되ᄂᆞᆫ與否ᄂᆞᆫ債權者의申請趣旨에依ᄒᆞ야判斷ᄒᆞᆯ바ㅣ며

三 支撥命令의送達을外國又ᄂᆞᆫ公示方法을依ᄒᆞ야行ᄒᆞᆯ事件이아님을要ᄒᆞᄂᆞ니此等事件에對ᄒᆞ야ᄂᆞᆫ債權者로ᄒᆞ야곰迅速히執行目的을達케ᄒᆞ기不能ᄒᆞᆷ과同時에債務者의게不便이又有ᄒᆞᆷ으로支撥命令을行ᄒᆞ기不能ᄒᆞᆫ바ㅣ라

불문한다.

② 채권자의 청구는 단순함을 요한다. 만약 반대급부를 행하는 것이 가능한 사건인 때는 즉시 채무이행을 강제하는 것이 불가능하기 때문에 간이 소송절차의 목적에 위반되는 것이고, 그 반대급부를 행하는 것이 가능한 사건인지 여부는 채권자의 신청취지에 의하여 판단하여야 한다.

③ 지발명령의 송달을 외국 또는 공시방법에 의하여 행할 사건이 아닐 것을 요한다. 이들 사건에 대하여는 채권자가 신속히 집행목적을 달성할 수 없는 동시에 채무자에게 불편이 또한 존재하므로 지발명령을 행하는 것이 불가능하다.

第二 支撥命令申請의方式 支撥命令의申請은書面又ᄂᆞᆫ口頭로所管轄裁判所에提出ᄒᆞ야行ᄒᆞᄂᆞ니其申請에ᄂᆞᆫ當事者、裁判所、請求의一定ᄒᆞᆫ數額、目的物及原因、支撥命令을求ᄒᆞᄂᆞᆫ申提等要件을具備ᄒᆞᆷ을要ᄒᆞᄂᆞᆫ바、裁判所ᄂᆞᆫ此를調査ᄒᆞ야不當ᄒᆞᆷ으로認ᄒᆞ거나又ᄂᆞᆫ申請趣旨를依ᄒᆞ야其請求가全然無理ᄒᆞ며、或申請當時에無理ᄒᆞᆯ時ᄂᆞᆫ命令으로此를却下ᄒᆞᄂᆞᆫ바ㅣ니其請求一部分에對ᄒᆞ야無理ᄒᆞᆯ時도亦然ᄒᆞᆫ바ㅣ나但數個請求中一個가有理ᄒᆞᆫ時ᄂᆞᆫ其有理ᄒᆞᆫ請求에限ᄒᆞ야支撥命令을發ᄒᆞᆷ을得ᄒᆞᄂᆞᆫ바ㅣ라然而此申請却下命令에對ᄒᆞ야ᄂᆞᆫ不服申提를不許ᄒᆞᆷ으로申請人은通常節次를依ᄒᆞ야請求ᄒᆞᄂᆞᆫ外에他道가無ᄒᆞᆫ바ㅣ라

II. 지발명령 신청의 방식

지발명령의 신청은 서면 또는 구두로 관할재판소에 제출하여 행한다. 그 신청에는 당사자, 재판소, 청구의 일정한 수액, 목적물 및 원인, 지발명령을 구하는 신청 등 요건을 구비하는 것이 필요하다. 재판소는 이를 조사하여 부당한 것으로 인정하거나 또는 신청취지에 의하여 그 청구가 완전히 이유가 없거나 또는 신청 당시에 이유가 없는 때는 명령으로 이를 각하하여야 한다. 그 청구 일부에 대하여 이유가 없는 때도 마찬가지이지만, 수 개의 청구 중 하나가 이유가 있는 때는 그 이유가 있는 청구에 한하여 지발명령을 발할 수 있다. 나아가 이러한 신청각하 명령에 대해서는 불복신청을 불허하므로 신청인은 통상절차에 의하여 청구하는 외에는 다른 방법이 없다.

支撥命令請求의申請이有理ᄒᆞᆫ時ᄂᆞᆫ裁判所ᄂᆞᆫ債務者를審訊치아니ᄒᆞ고直地支撥命令을發ᄒᆞᄂᆞ니一般原則을從ᄒᆞ야此를債務者의게送達ᄒᆞ며且其旨를債權者의게通知ᄒᆞᄂᆞᆫ바支撥命令에ᄂᆞᆫ當事者、裁判所、請求의數額、目的物及原因、債務者가強制執行을避ᄒᆞ고자ᄒᆞᆫ時ᄂᆞᆫ一定ᄒᆞᆫ期間內에其請求의數額과此에依ᄒᆞ야生ᄒᆞᆫ費用을債權者의게支給ᄒᆞ거나又ᄂᆞᆫ同一期間內에異議를申提ᄒᆞᆯ旨等을記載ᄒᆞᄂᆞᆫ바니라

第三 支撥命令의效力과其異議 支撥命令은債務者의게送達ᄒᆞᆫ時ᄂᆞᆫ訴訟物에對ᄒᆞᄂᆞᆫ權利拘束의效力이發生ᄒᆞᆷ으로債務者ᄂᆞᆫ其命令에對ᄒᆞ야書面又口頭로써異議를申提ᄒᆞᆷ을得ᄒᆞ며其異議

지발명령 청구의 신청이 이유가 있는 때는 재판소는 채무자를 심문하지 아니하고 즉석에서 지발명령을 발하는데, 일반원칙에 따라 이를 채무자에게 송달하며 또한 그 취지를 채권자에게 통지한다. 지발명령에는 당사자, 재판소, 청구의 수액, 목적물 및 원인, 채무자가 강제집행을 피하고자 할 때는 일정한 기간 내에 그 청구의 수액과 이에 의하여 생기는 비용을 채권자에게 지급하거나 또는 동일한 기간 내에 이의를 신청할 취지 등을 기재하여야 한다.

III. 지발명령의 효력과 그 이의

지발명령을 채무자에게 송달한 때는 소송물에 대해서는 권리구속의 효력이 발생하므로 채무자는 그 명령에 대하여 서면 또는 구두로 이의를 신청할 수 있다. 그 이의

ᄂᆞᆫ請求의全部又一部又全部에對ᄒᆞ야行ᄒᆞᆷ을得ᄒᆞᄂᆞ니原則上支撥命令에定ᄒᆞᆫ期間內에行ᄒᆞᆯ바ㅣ나執行命令이無ᄒᆞᆫ間은何時던지此를行ᄒᆞ며一次異議가有ᄒᆞᆫ時ᄂᆞᆫ支撥命令은其效力을失ᄒᆞᆫ지나但訴訟物의權利拘束效力은異議申提와同時에消滅되지아니ᄒᆞᄂᆞᆫ바ㅣ라

適法ᄒᆞᆫ異議申提가有ᄒᆞ며且其請求가區裁判所管轄에屬ᄒᆞᆫ事件될境遇에在ᄒᆞ야ᄂᆞᆫ債權者ᄂᆞᆫ支撥命令을送達ᄒᆞᆫ時에其請求에對ᄒᆞᆫ訴를區裁判所에提起ᄒᆞᆫ者로看做ᄒᆞ나但裁判所가口頭辯論期日을定ᄒᆞᆷ에ᄂᆞᆫ異議申提가有ᄒᆞᆫ日로브터起算ᄒᆞ야指定ᄒᆞᄂᆞᆫ바ㅣ며其請求가地方裁判所管轄될時ᄂᆞᆫ裁判所ᄂᆞᆫ異議申提가有

는 청구의 일부 또는 전부에 대하여 할 수 있다. 원칙적으로 지발명령에서 정한 기간 내에 행하여야 하지만 집행명령이 없는 동안은 언제든지 이를 행할 수 있으며, 한 번 이의가 있는 때는 지발명령은 그 효력을 잃게 되지만 소송물의 권리구속 효력은 이의신청과 동시에 소멸하지는 않는다.

적법한 이의신청이 있으며 또한 그 청구가 구재판소 관할에 속하는 사건인 경우 채권자는 지발명령을 송달한 때에 그 청구에 대한 소를 구재판소에 제기한 것으로 간주되지만, 재판소가 구두변론 기일을 정함에 있어서는 이의신청이 있었던 날로부터 기산하여 지정한다. 그 청구가 지방재판소 관할에 속하는 때는 재판소는 이의신청이 있

ᄒᆞᆫ旨ᄅᆞᆯ債權者의게通知ᄒᆞ며債權者ᄂᆞᆫ此通知ᄅᆞᆯ受ᄒᆞᆫ日로브터一
定ᄒᆞᆫ期間內에管轄地方裁判所에起訴ᄒᆞᆷ이可ᄒᆞᄂᆞ니不然ᄒᆞᆫ時
ᄂᆞᆫ訴訟物의權利拘束은消滅ᄒᆞᄂᆞᆫ바ㅣ라

第四 執行命令 支撥命令送達日로브터法定期間內에債務者가
異議ᄅᆞᆯ申提치아니ᄒᆞᆫ時ᄂᆞᆫ債權者ᄂᆞᆫ其支撥命令에對ᄒᆞᆫ假執
行宣示ᄅᆞᆯ附ᄒᆞᆫ旨ᄅᆞᆯ申請ᄒᆞᆷ을得ᄒᆞᄂᆞ니此申請이有ᄒᆞᆫ時ᄂᆞᆫ裁判
所ᄂᆞᆫ申請適否ᄅᆞᆯ審查ᄒᆞ야適法치아니ᄒᆞᆷ으로認ᄒᆞᆫ時ᄂᆞᆫ決定으로
써却下ᄒᆞ며申請이有理ᄒᆞᆫ時ᄂᆞᆫ執行命令을發ᄒᆞᄂᆞ니執行命令은
支撥命令에記載ᄒᆞᆫ請求又ᄂᆞᆫ費用을債權者가假執行ᄒᆞᆷ을得ᄒᆞ
ᄂᆞᆫ旨의宣言으로假執行宣示ᄅᆞᆯ附ᄒᆞᆫ闕席判決과性質이同一ᄒᆞ나

는 취지를 채권자에게 통지하며, 채권자는 이러한 통지를 받은 날로부터 일정한 기간 내에 관할 지방재판소에 소를 제기하여야 하며, 그렇지 아니한 때는 소송물의 권리구속은 소멸하게 된다.

IV. 집행명령

지발명령 송달일로부터 법정기간 내에 채무자가 이의를 신청하지 아니하는 때는 채권자는 그 지발명령에 대하여 가집행선고를 붙이도록 신청할 수 있다. 이러한 신청이 있는 때에는 재판소는 신청적부를 심사하여 적법하지 아니하다고 인정하는 때는 결정으로 각하하며, 신청이 이유가 있는 때는 집행명령을 발한다. 집행명령은 지발명령에 기재한 청구 또는 비용을 채권자가 가집행할 수 있다는 취지의 선언으로 가집행선고를 붙인 궐석판결과 성질이 동일하다.

但執行命令에基因ᄒᆞᆫ强制執行은執行文附與ᄅᆞᆯ不要ᄒᆞ며唯債權者又ᄂᆞᆫ債務者間에承繼가有ᄒᆞᆫ時에限ᄒᆞ야執行文附與ᄅᆞᆯ要ᄒᆞᆯᄲᅮᆫ이라

執行命令은宣示치아니ᄒᆞᆫ裁判됨으로債務者의게送達ᄒᆞᆷ을要ᄒᆞ며債務者ᄂᆞᆫ普通闕席判決에對ᄒᆞᆷ과갓치執行命令에對ᄒᆞ야一定ᄒᆞᆫ期間內에故障을申提ᄒᆞᆷ을得ᄒᆞᄂᆞ니其訴訟物이區裁判所管轄에屬ᄒᆞᆫ時ᄂᆞᆫ更히通常節次ᄅᆞᆯ依ᄒᆞ야請求의當否ᄅᆞᆯ調査ᄒᆞ며其請求가地方裁判所管轄에屬ᄒᆞᆫ時ᄂᆞᆫ區裁判所ᄂᆞᆫ故障에對ᄒᆞᄂᆞᆫ口頭辯論期日을定ᄒᆞ야當事者雙方을呼出ᄒᆞ야其適否ᄅᆞᆯ裁判ᄒᆞᄂᆞᆫ바ㅣ니故障이有理ᄒᆞᆫ時ᄂᆞᆫ判決로써故障을許ᄒᆞᄂᆞᆫ旨ᄅᆞᆯ

다만 집행명령에 기인하는 강제집행은 집행문 부여가 필요하지 않으며, 오직 채권자 또는 채무자 사이에 승계가 있는 때에 한하여 집행문 부여가 필요할 뿐이다.

집행명령은 선고하지 아니하는 재판이므로 채무자에게 송달할 것을 요하며, 채무자는 통상 궐석판결에 대하여 하는 것과 같이 집행명령에 대하여 일정한 기간 내에 고장(故障)을 신청할 수 있다. 그 소송물이 구재판소 관할에 속하는 때는 다시 통상절차에 의하여 청구의 당부를 조사하며, 그 청구가 지방재판소 관할에 속하는 때는 구재판소는 고장에 대한 구두변론 기일을 정하여 당사자 쌍방을 호출하여 그 적부를 재판하게 된다. 고장이 이유가 있는 때는 판결로 고장을 허용하는 취지를

宣示ᄒᆞ며無理ᄒᆞᆫ時ᄂᆞᆫ却下判決을行ᄒᆞ나本案에對ᄒᆞᄂᆞᆫ裁判은行치못ᄒᆞᄂᆞᆫ바ㅣ라

民事訴訟法第二編 完

선고하며, 이유가 없는 때는 각하판결을 행하지만 본안에 대한 재판은 행하지 못한다.

민사소송법 제2편 끝

민사소송법 제2편

초판 발행 1쇄 2025년 1월 31일

지은이 주정균
옮긴이 김경욱
www.kupress.com
kupress@korea.ac.kr
(02841) 서울특별시 성북구 안암로 145
Tel 02-3290-4230, 4232
Fax 02-923-6311
찍은곳 네오프린텍(주)

ISBN 979-11-6956-100-6 93360

값 33,000원